统编版 语文教材配套阅读丛书

四大名著
知识点一本全

刘敬余／主编

郭冬杉／编者

北京出版集团公司
北京教育出版社

图书在版编目（CIP）数据

四大名著知识点一本全 / 刘敬余主编. — 北京：北京教育出版社，2019.1

（统编版语文教材配套阅读丛书）

ISBN 978-7-5704-0977-8

Ⅰ.①四… Ⅱ.①刘… Ⅲ.①中学语文课 – 初中 – 升学参考资料

Ⅳ.①G634.303

中国版本图书馆CIP数据核字（2019）第004059号

统编版语文教材配套阅读丛书

四大名著知识点一本全

刘敬余 / 主编

＊

北京出版集团公司
北京教育出版社 出版
（北京北三环中路6号）

邮政编码：100120

网址：www.bph.com.cn

北京出版集团公司总发行

全国各地书店经销

三河市骏杰印刷有限公司印刷

＊

710mm×1000mm 16开本 12印张 180千字

2019年1月第1版 2019年1月第1次印刷

ISBN 978-7-5704-0977-8

定价：29.80元

序言
Preface

随着社会科技的发展，人们已经有了更多的选择去填充自由闲暇的时光。有人沉浸于全民狂欢的某种游戏，有人着迷于喧嚣热闹的综艺节目……一杯茶、一盏灯、一本书，此情此境里，还有多少人愿意做那个捧书人呢？有些人已经物化为机械电子装置的一部分，不再喜欢简简单单的读书活动。

正是因为这样，国家才提倡"全民阅读"，提倡阅读经典。因为娱乐只是一场过境不停的风暴，真正跨越时间长河的是经典带来的最初的感动和肃穆的仪式感。所以，我国近些年的语文教育特别注重经典文学作品的阅读与考查。现在的统编版教材更是提倡学生大量阅读世界文学经典，每个年级都列出了对应学生水平的阅读书目，提供阅读方法，为学生做出阅读规划，引领学生更轻松愉悦地阅读名著。

在这一背景下，我们策划了这套"统编版语文教材配套阅读丛书"，邀请了众多名师共同研究新教材，根据新教材的特点，秉持"读名著 学语文"这一阅读理念，以名著常考考点为依据，为学生制定了阅读方案，通过各种栏目帮助学生更好地阅读名著、理解名著，以期让学生得到更丰厚的收获！为此，我们做了以下工作：

一、根据教育部统一编写的最新教材选择书目

根据教育部统一编写的最新语文教材中指定阅读和推荐阅读的名著为

学生选择书目，并与课本教材规定的年级基本对应，让学生根据教材进行同步阅读，更有利于学生的阅读与学习。

二、邀请名师结合中考考点制定名师导读方案

为了帮助学生更好地理解名著，更充分地备考，我们邀请名师结合中考名著常考考点特地为学生制定了一整套阅读方案，包括作家与作品、内容简介、主要人物、写作的艺术等。这套阅读方案可以帮助学生快速而深刻地理解名著，把握常考考点，提高考试成绩，进而对名著产生更浓厚的兴趣。

三、精心讲解适合学生的阅读方法

新版语文教材强调阅读方法，为此，我们邀请名师专门根据新教材阅读推荐的部分，结合具体阅读内容，为学生讲解、总结适合他们现阶段阅读水平的阅读方法，比如精读法、跳读法、做读书笔记、摘抄、写阅读心得等。

四、制作"名师微课"，视频讲解名著中的考点

邀请名师分析各地历年中考真题，总结分析名著常考考点、题型，并根据常考考点对常考名著进行归纳总结，制作成视频，扫二维码即可听课，有助于学生提高考试成绩。

除此之外，本套书还配合新教材的阅读理念为学生制定阅读记录卡，提出阅读建议，在文后提供优秀的读后感。同时，为了提高学生的成绩，我们还提供了历年中考真题和阅读自我测试题，帮助学生把握考点，进行有针对性的阅读训练。我们希望通过我们的努力，为学生提供一套集鉴赏性和实用性为一体的经典名著阅读指导书，为学生阅读尽绵薄之力！

编　者

·阅读有方法·

经典名著是在时光的蚌壳中生成的珍珠，因岁月的积淀、文化的浸染而熠熠生辉。

那么，我们怎样阅读才能更好地把握名著，体会其熠熠光华呢？

著名学者胡适先生说读书要做到"四到"：眼到、口到、心到、手到。这对我们阅读名著有一定的启发。此外，现在中考对经典名著的考查不仅要求考生关注"作品内容""主要人物""作品思想意义和价值取向"，而且要求考生对作品"有自己独特的感受和体验"，通过阅读作品"获得对自然、社会、人生的有益启示"，这就更需要我们用"眼"读，用"口"读，用"心"读，用"笔"读。

具体来说，我们可尝试从以下几方面入手：

一 关注名著的序、跋和回目等

读名著前先阅读序和跋，这样能让我们在最短时间内了解全书的大概内容、时代背景、作者情况和写作意旨，从而快速有效地理解作品。文学作品往往结构复杂，线索繁多，根据其回目，我们可以提纲挈领地把握全书结构，提取内容要点。

如足本《西游记》的第一回是"灵根育孕源流出　心性修持大道生"，第二回是"悟彻菩提真妙理　断魔归本合元神"，第三回是"四海千山皆拱

伏　九幽十类尽除名"，第四回是"官封弼马心何足　名注齐天意未宁"，第五回是……

每一个回目都是一个完整的故事，从孙悟空出世，写到孙悟空拜师；从孙悟空大闹天宫，写到孙悟空被封为弼马温……了解了回目名称，也就读懂了故事的发展过程。

二 跳读和精读相结合

根据阅读目的的不同，我们采用的阅读方法也会有所不同。

如果想要快速阅读文章以了解其大意，我们可以采用跳读的方法。跳读要求读者有选择地进行阅读，可跳过某些细节，或者对与阅读目的关系不太紧密的内容或某些不太精彩的章节只进行浏览，以求抓住文章的梗概，从而提高阅读速度。

比如古典名著往往回目众多，篇幅很长，其中一些描写人物外貌、打斗场面或环境气氛的语句，多多少少都有一些夸饰渲染的痕迹，我们如果只想了解大致情节，就可以采用跳读的方法，对这些一带而过。

如我们想要了解足本《西游记》第六回"观音赴会问原因　小圣施威降大圣"的大致情节，就可以对相关段落中孙悟空变化的鱼儿、二郎神变化的飞禽等繁复的外形描写进行浏览，一带而过。

而当我们需要对重要的语句和章节所表达的思想内容、塑造的人物形象做到透彻理解、精准把握时，我们可以采用精读的方法，深入细致地研读，逐字逐句地理解、分析与感悟。精读时，我们要注重情感体验和创造性地理解，对名著中的重要情节、精彩片段、话外之音细细品读，品味其构思的奇巧，揣摩其布局的精妙，欣赏其语言的优美，等等，进而获取情感体验，接受艺术熏陶。

如鲁迅《朝花夕拾》中《五猖会》一篇里有这样一段话：

我忐忑着，拿了书来了。他使我同坐在堂中央的桌子前，教我一句一句地读下去。我担着心，一句一句地读下去。

两句一行，大约读了二三十行罢，他说：

"给我读熟。背不出，就不准去看会。"

他说完，便站起来，走进房里去了。

我似乎从头上浇了一盆冷水。但是，有什么法子呢？自然是读着，读着，强记着，——而且要背出来。

当我们读到"我似乎从头上浇了一盆冷水"这一句时，结合当时的情境和自己的日常生活经历，仔细琢磨体会，就能感受到这个质朴而形象的比喻句中蕴含着作者当时的内心情感：作者在热切盼望着赶往会场时，却被父亲要求背书，这是多么无奈、失望和痛苦哇！

三 不动笔墨不读书

这是历代学者总结出来的读书经验，因此我们要养成做读书笔记的好习惯。做笔记有许多益处：助记忆、储资料、促思考、提效率。

（1）圈点勾画写批注

小到字词，大到重点、难点，都可在书上画线或做上各种符号圈点；稍纵即逝的零思碎想，亦可在书的"天头""地脚"或其他空白处做眉批、脚注或旁批，以备参考。

如足本《水浒传》中"浔阳楼宋江题反诗"一节中写道：

（宋江）乘其酒兴，磨得墨浓，蘸得笔饱，去那白粉壁上，挥毫便写道：

自幼曾攻经史，长成亦有权谋。恰如猛虎卧荒丘，潜伏爪牙忍受。不幸刺文双颊，那堪配在江州。他年若得报冤仇，血染浔阳江口。

宋江写罢，自看了大喜大笑；一面又饮了数杯酒，不觉欢喜，自狂荡起来，手舞足蹈，又拿起笔来，去那《西江月》后，再写下四句诗，道是：

心在山东身在吴，飘蓬江海谩嗟吁。他时若遂凌云志，敢笑黄巢不丈夫！

宋江写罢诗，又去后面大书五字道："郓城宋江作。"

一位同学读及此处，便在文字旁边的空白处批注道：

触景生情，言为心声。宋江写在白粉壁上的诗虽然直白粗俗，却是心声的反映。"有感而发"想来是至理名言。

如此批注，可见这位同学是将自己"放入"了作品中，是读者与作品中的人物同呼吸、共命运的体现。同时，将自己的阅读感受真实地表述出来，有助于深入地理解作品。

（2）日积月累做摘抄

名著中总有一些精彩的语言，让我们回味无穷。

如足本《水浒传》中写武松：

身躯凛凛，相貌堂堂。一双眼光射寒星，两弯眉浑如刷漆。胸脯横阔，有万夫难敌之威风；语话轩昂，吐千丈凌云之志气。心雄胆大，似撼天狮子下云端；骨健筋强，如摇地貔貅临座上。如同天上降魔主，真是人间太岁神。

这段话运用了比喻、对偶、夸张等修辞手法，将武松的外貌描写得生动形象，使读者如见其人、如观其形。有同学在阅读时，将"身躯凛凛，相貌堂堂。一双眼光射寒星，两弯眉浑如刷漆"摘抄下来，不仅丰富了自己的词汇量，而且在写作时也可以学以致用。

我们在读到这些好的句子或精彩的情节时，也可以将其抄录到摘抄本上，这样随着阅读量的增加，积累的精彩句段也就会越来越多，对我们的阅读和写作都非常有帮助。

（3）条分缕析列提纲

在阅读名著的过程中，我们可以尝试概括出所读名著的要点、框架或故事梗概，或者写出某一章节的提要和基本内容，这样有助于培养我们的概括能力和表达能力。

如长篇小说《骆驼祥子》，如此洋洋洒洒的大部头书籍，利用列提纲的方法进行阅读可达到事半功倍的效果。《骆驼祥子》讲了旧北京人力车夫的辛酸故事，祥子买车经历了"三起三落"。

一起：来到北平当人力车夫，苦干三年，凑足一百块钱，买了辆新车。

一落：连人带车被宪兵抓去当壮丁。理想第一次破灭。

二起：卖骆驼，拼命拉车，省吃俭用攒钱准备买新车。

二落：干包月时，祥子辛苦攒的钱被孙侦探搜去。理想第二次破灭了。

三起：虎妞以低价给祥子买了邻居二强子的车，祥子又有车了。

三落：为了置办虎妞的丧事，祥子又卖掉了车。

由以上提纲很容易就可以看出祥子买车与卖车，不断奋斗，又不断失败的过程。

（4）评析归纳写心得

写心得时我们不必拘泥于某一固定形式，或有感而发补充论证，或评论得失指摘错误，或自悟自得抒写情感，可随时将阅读中产生的想法、获得的感悟写作成文。

如读完《假如给我三天光明》后，有同学写了一篇感悟，片段如下：

读完海伦·凯勒的故事，我突然想起了法布尔笔下的蝉。我想，海伦·凯勒也像一只蝉吧，她因目盲而被圈于黑暗之中，不得见一缕阳光，一朵花红，一片云白……然而，岁月的黑暗没有消磨她的意志，没有让她气馁，她像一只在黑暗中努力生长的蝉，不断蓄积力量，只为有一天可以在太阳下嘹亮地歌唱。哦，不，她也不能歌唱，可是，她羸弱的身体里发出的生命强音，不比任何一种歌唱都更嘹亮、更动人吗？

这位同学写的这段感悟，显然是有感而发，抓住了海伦·凯勒精神的实质，而且还能把《假如给我三天光明》和《昆虫记》两部名著结合起来，找到精神共同点，可见阅读量越大，思考越深入，越能对阅读的各种内容融会贯通。

以上是我们大致讲的一些阅读名著的方法。其实阅读方法还有很多，但是篇幅有限，不能穷尽，而且每个人的阅读水平、阅读目的不同，所采用的方法也会不同，这还需要同学们在阅读中逐渐摸索，不断钻研，从而更有效率地阅读名著，体会文学的魅力，提升自己的内涵和修养！

目录

Contents

三国演义

名著简介

　　《三国演义》叙事"据正史，采小说，证文辞，通好尚"，以刘备集团作为描写的中心，对刘备集团的主要人物加以歌颂，对曹操则极力鞭挞。全书分为黄巾之乱、董卓之乱、群雄逐鹿、三国鼎立、三国归晋五大部分，在广阔的背景下，上演了一幕幕气势磅礴的战争故事，反映了三国时代的政治军事斗争和各类社会矛盾的渗透与转化，概括了这一时代的历史巨变。

写作背景

　　罗贯中所处的元朝末期是一个民族矛盾和阶级矛盾都十分尖锐而且复杂的时代，那时的王公大臣疯狂兼并土地，豪强地主也大量强占民田，苛捐杂税名目繁多，赋役剥削不断加重，元朝政府还滥发纸钞，导致物价上涨；由于政治腐败，水利常年失修，洪水经常泛滥成灾，许多地方的百姓被迫逃离家园，流离失所，终于爆发了农民起义。

　　罗贯中经历了元末大动乱，接触到了广阔的社会生活，对当时的社会矛盾有了较清醒的认识。而参加农民起义军的一段经历，让他开阔了眼界，丰富了生活知识和斗争经验。之后，他在搜集了大量的三国历史、杂记、逸闻逸事、野史小说和民间传说后，融合自己的政治抱负和参加农民起义军的战争生活经历，创作了《三国志通俗演义》，用艺术的形式生动地再现了魏、蜀、吴三国间的政治和军事斗争历史。

作者简介

罗贯中是元末明初的文学家，号湖海散人。他曾漫游江湖，具有超人的智慧、丰富的实践和执着的追求，堪称全才。从他的传世之作《三国志通俗演义》中，我们就能看出他的博大精深之才和经天纬地之气。他主张国家统一，弘扬民族传统美德，痛恨奸诈邪恶。在《残唐五代史演义》中，我们还能看到罗贯中依恋故土、缅怀英雄、忧国忧民的高尚情操。

罗贯中，名本，山西太原人。元代中期，不少北方的知识分子都先后搬迁到了杭州一带。罗贯中也来到了杭州，在这里活动。"有志图王"的罗贯中曾到张士诚那里做幕僚，想助其成就霸业。但是，张士诚并不重视知识分子，也不听取他们的意见，后来罗贯中便离开了张士诚。因图王未果，罗贯中就发愤著书。他创作了《三国志通俗演义》《隋唐两朝志传》《残唐五代史演义》《三遂平妖传》等作品。罗贯中大约活了七十岁，约于1400年逝世。

主要人物

刘备（161—223），三国时蜀汉的建立者，221年至223年在位。字玄德，涿郡涿县（今河北涿州）人，汉远支皇族。少年时孤独贫困，与母亲靠贩鞋子、织草席为生，后与关羽、张飞结为异姓兄弟。因剿除黄巾军有功，任安喜县尉。在军阀混战中，先后投靠过公孙瓒、陶谦、曹操、袁绍、刘表。后采用诸葛亮联孙抗曹之策，于208年联合孙权，大败曹操于赤壁，占领荆州部分地区，力量逐渐壮大，很快又夺取益州和汉中。221年正式称帝，定都成都，国号汉，建元章武，史称"蜀汉"。次年，率军大举进攻吴国，被东吴陆逊用火攻打败，不久病死于白帝城。

诸葛亮（181—234），三国蜀汉政治家、军事家。字孔明，琅邪阳都（今山东沂南南）人。东汉末，隐居邓县隆中（在今湖北襄阳），留心世事，被称为"卧龙"。207年，刘备三顾草庐时，他向刘备提出了占据荆、益两州，联合孙权，对抗曹操，统一全国的建议。从此他成为刘备的主要谋士。后刘备根据他的策略，很快占领了荆州、益州，建立了蜀汉政权。刘备称帝后，任他为丞相。223年，刘禅继位，他被封为武乡侯，领益州牧，掌握大权。他励精图治，赏罚分明，曾七擒孟获，改善和西南各族的关系，五次出兵伐魏，争夺中原。234年，病死于五丈原军中，葬于定军山（今陕西勉县西南）。

孙权（182—252），三国时吴国的建立者。229年至252年在位。字仲谋，吴郡富春（今浙江杭州富阳）人。东汉末年，继承哥哥孙策的事业，据有江东六郡。在张昭、周瑜、鲁肃等人的协助下，联合刘备，在赤壁大败曹操。后又联合曹操攻击蜀国，杀刘备大将关羽，夺取荆州，并在夷陵战役中大败刘备。229年在武昌（今湖北鄂州）称帝，国号吴。

曹操（155—220），三国时政治家、军事家、诗人。字孟德，小名阿瞒，沛国谯县（今安徽亳州）人。从小聪明机警，有侠气。在镇压黄巾起义和讨伐董卓的过程中，逐步扩充军事力量。196年，迎献帝都许（今河南许昌东），从此用献帝的名义发号施令，先后用兵打败吕布、袁术、袁绍等割据势力，统一北方。曾在赤壁被孙刘联军用火攻打败。216年，受封为魏王，四年后，病死于洛阳。其子曹丕称帝后，其被追尊为魏武帝。

作品评价

《三国演义》作为中国四大名著中唯一一本根据史实改编的小说，其魅力不言而喻，得到了不少名人的高度评价。金庸说："在中国的古典小说中，《三国演义》享有崇高至极的地位。没有任何一部小说比得上，近三百年来，向来被称为'第一才子书'或'第一奇书'。"俄国作家科洛克洛夫则说："《三国演义》在表现中国人民艺术天才的许多长篇小说之中占有显著的地位，它可以说是一部真正具有丰富人民性的杰作。"

🎬 主题思想

《三国演义》，全称《三国志通俗演义》，是一部长篇历史小说，也是中国古代"历史演义"类型小说的开山之作，在罗贯中众多的作品中最为人所熟知。本书根据西晋陈寿的《三国志》和南朝宋时裴松之为《三国志》所做的注，以及后世有关三国的传说和文学作品，经过综合和一定程度的虚构，再创作而成。该书讲述了汉末黄巾之乱至魏、蜀、吴三国鼎立，到西晋统一百余年间的历史，刻画了众多的英雄人物形象。

《三国演义》继承了《三国志平话》"拥刘贬曹"的思想倾向，把蜀汉集团作为全书的中心，把刘蜀与曹魏两大政治集团作为情节发展的主线，肯定了刘备"上报国家，下安黎庶"的政治理想，颂扬了他宽仁爱民从而深得人心的政治品质，赞美了他礼贤下士、知人善任的政治风度。反之，对曹操，作者着力批评他"宁教我负天下人，休教天下人负我"的极端利己主义，揭露了他的狡诈、忌刻和专横。这种"拥刘贬曹"的倾向，寄托了宋元时期在民族压迫下人们对历史上汉族政权的依恋，表达了对明君的期盼和对暴君的憎恶。

🎬 艺术特色

1. 结构整一

所谓"整一"，是指结构的完整、一贯和不可分性。《三国演义》的结构形式虽是章回体，章回之间可以相对地独立，但每一章节作为整体的一部分，没有独立的可能。各章节如同彼此相扣的玉环，每一个玉环之间又有若干相互联系的小环，环环相扣，形成一个完整的链形结构。

2. 语言精彩

《三国演义》用的是半文半白的语言，形成了简洁、明快而又通俗的语言特点。语言的基本风格就是"文不甚深，言不甚俗"，具体特点表现为：简洁精练、生动传神、晓畅自然、灵活多变、气势充沛。小说通过记叙惊心动魄的军事和政治斗争，运用夸张、对比、烘托、渲染等艺术手法，成功地塑造了一批鲜明丰满的人物形象。

📖 阅读感悟

《三国演义》中的故事起于刘、关、张桃园结义，终于王濬平吴，生动描写了东汉末年和整个三国时代的社会动乱及几个军事集团之间的矛盾和斗争，塑造出关羽、张飞、刘备、诸葛亮、曹操等一系列各具内涵和特点的人物形象，是我国历史小说中的经典之作。

罗贯中在《三国演义》中寄托了自己的爱憎情感，表现出明显的"拥刘贬曹"倾向。作品深刻地揭示了封建统治者的罪恶，把封建社会的斗争和历史演变的状况介绍给广大人民。它的社会影响是巨大的，不少农民战争就以《三国演义》中的战略战术为借鉴，给封建统治者以沉重的打击。

📖 经典章节鉴赏

宴桃园豪杰三结义

榜文行到涿县，引出涿县中一个英雄。那人不甚好读书；性宽和，寡言语，喜怒不形于色；素有大志，专好结交天下豪杰；生得身长七尺五寸，两耳垂肩，双手过膝，目能自顾其耳，面如冠玉，唇若涂脂；中山靖王刘胜之后，汉景帝阁下玄孙①：姓刘，名备，字玄德。昔刘胜之子刘贞，汉武时封涿鹿亭侯，后坐酎金②失侯，因此遗这一枝在涿县。玄德祖刘雄，父刘弘。弘曾举孝廉，亦尝作吏，早丧。玄德幼孤，事母至孝；家贫，贩屦③织席为业。家住本县楼桑村。其家之东南，有一大桑树，高五丈馀，遥望之，童童④如车盖。相者云："此家必出贵人。"玄德幼时，与乡中小儿戏于树下，曰："我为天子，当乘此车盖。"叔父刘元起奇其言，曰："此儿非常人也！"因见玄德家贫，常资给⑤之。年十五岁，母使游学，尝师事郑玄、卢植，与公孙瓒等为友。及刘焉发榜招军时，玄德年已二十八岁矣。

当日见了榜文，慨然长叹。随后一人厉声言曰："大丈夫不与国家出力，何故长叹？"玄德回视其人：身长八尺，豹头环眼，燕颔虎须，声若巨雷，势如奔马。玄德见他形貌异常，问其姓名。其人曰："某姓张，名飞，字翼德。世居涿郡，颇有庄田，卖酒屠猪，专好结交天下豪杰。恰才见公看榜而叹，故此相问。"玄德曰："我本汉室宗亲，姓刘，名备。今闻黄巾倡乱⑥，有志欲破贼安民；恨力不能，故长叹耳。"飞曰："吾颇有资财，当招募乡勇，与公同举大事，如何？"玄德甚喜，遂与同入村店中饮酒。正饮间，见一大汉，推着一辆车子，到店门首歇了；入店坐下，便唤酒保："快斟酒来吃，我待赶入城去投军。"玄德看其人：身长九尺，髯长二尺；面如重枣⑦，唇若涂脂；丹凤眼，卧蚕眉；相貌堂堂，威风凛凛。玄德就邀他同坐，叩其姓名。其人曰："吾姓关，名羽，字长生，后改云长，河东解良人也。因本处势豪，倚势凌人，被吾杀了；逃难江湖，五六年矣。今闻此处招军破贼，特来应募。"玄德遂以己志告之。云长大喜。同到张飞庄上，共议大事。

飞曰："吾庄后有一桃园，花开正盛；明日当于园中祭告天地，我三人结为兄弟，协力同心，然后可图大事。"玄德、云长齐声应曰："如此甚好。"次日，于桃园中，备下乌牛白马祭礼等项，三人焚香再拜而说誓曰："念刘备、关羽、张飞，虽然异姓，既结为兄弟，则同心协力，救困扶危；上报国家，下安黎庶⑧；不求同年同月同日生，只愿同年同月同日死。皇天后土，实鉴此心。背义忘恩，天人共戮！"誓毕，拜玄德为兄，关羽次之，张飞为弟。

注 释

①玄孙：孙子的孙子。

②酎（zhòu）金：汉代法制，皇帝祭祀宗庙时，诸侯应献金助祭。

③屦（jù）：古代用麻、葛等制成的鞋，泛指鞋。

④童童：茂盛的样子，重叠的样子。

⑤资给：用钱资助。

⑥倡乱：造反。

⑦重枣：暗红色的枣子。常用以形容人的脸色。

⑧黎庶（shù）：百姓。

品读与赏析

选文主要写了刘备的贫苦出身和贵族身份，交代东汉末年腐败的政治、凋敝的民生，以及刘备、关羽、张飞三人结识、结拜的故事，突出表现了刘备素有大志、胸怀天下的个性。

温酒斩华雄

程普、黄盖、韩当都来寻见孙坚，再收拾军马屯扎。坚为折了祖茂，伤感不已，星夜遣人报知袁绍。绍大惊曰："不想孙文台败于华雄之手！"便聚众诸侯商议。众人都到，只有公孙瓒后至，绍请入帐列坐。绍曰："前日鲍将军之弟不遵调遣，擅自进兵，杀身丧命，折了许多军士；今者孙文台又败于华雄：挫动锐气，为之奈何？"诸侯并皆不语。绍举目遍视，见公孙瓒背后立着三人，容貌异常，都在那里冷笑。绍问曰："公孙太守背后何人？"瓒呼玄德出曰："此吾自幼同舍兄弟，平原令刘备是也。"曹操曰："莫非破黄巾刘玄德乎？"瓒曰："然。"即令刘玄德拜见。瓒将玄德功劳，并其出身，细说一遍。绍曰："既是汉室宗派，取坐来。"命坐。备逊谢。绍曰："吾非敬汝名爵，吾敬汝是帝室之胄①耳。"玄德乃坐于末位，关、张叉手侍立于后。

忽探子来报："华雄引铁骑下关，用长竿挑着孙太守赤帻②，来寨前大骂搦战③。"绍曰："谁敢去战？"袁术背后转出骁将俞涉曰："小将愿往。"绍喜，便著俞涉出马。即时报来："俞涉与华雄战不三合，被华雄斩了。"众大惊。太守韩馥曰："吾有上将潘凤，可斩华雄。"绍急令出战。潘凤手提大斧上马。去不多时，飞马来报："潘凤又被华雄斩了。"众皆失色。绍曰："可惜吾上将颜良、文丑未至！得一人在此，何惧华雄！"言未毕，阶下一人大呼出曰："小将愿往斩华雄头，献于帐下！"众视之，见其人身长九尺，髯长二尺，丹凤眼，卧蚕眉，面如重枣，声如巨钟，立于帐前。绍问何人。公孙瓒曰："此刘玄德之弟关羽也。"绍问现居何职。瓒曰："跟随刘玄德充马弓手。"帐上袁术大喝曰："汝欺吾众诸侯无大将耶？量一弓手，安敢乱言！与我打出！"曹操急止之曰："公路息怒。此人既出大言，必有勇略。试教出马，如其不胜，责之未迟。"袁绍曰："使一弓手出战，必被华雄所笑。"操曰："此人仪表不俗，华雄安知他是弓手？"关公曰："如不胜，请斩某头。"操教酾④热酒一杯，与关公饮了上马。关公曰："酒且斟下，某去便来。"出帐提刀，飞身上马。众诸侯听得关外鼓声大振，喊声大举，如天摧地塌，岳撼山崩，众皆失惊。正欲探听，鸾⑤铃响处，马到中军，云长提华雄之头，掷于地上。——其酒尚温。后人有诗赞之曰：

威镇乾坤第一功，辕门画鼓响冬冬。

云长停盏施英勇，酒尚温时斩华雄。

曹操大喜。只见玄德背后转出张飞，高声大叫："俺哥哥斩了华雄，不就这里杀入关去，活拿董卓，更待何时！"袁术大怒，喝曰："俺大臣尚自谦让，量一县令手下小卒，安敢在此耀武扬威！都与赶出帐去！"曹操曰："得功者赏，何计贵贱乎？"袁术曰："既然公等只重一县令，我当告退。"操曰："岂可因一言而误大事耶？"命公孙瓒且带玄德、关、张回寨。众官皆散。曹操暗使人赍牛酒⑥抚慰三人。

注 释

①胄（zhòu）：帝王或贵族的子孙。

②赤帻（zé）：这里指古代兵士的赤色头巾。

③搦（nuò）战：挑战，挑衅。

④酾（shī）：斟（酒）。

⑤鸾（luán）：通"銮"，车马上的铃铛。

⑥赍（jī）牛酒：送牛肉和酒。

品读与赏析

选文写的是众诸侯被华雄上门挑战，一连折了几员骁将，正在一筹莫展之际，关羽挺身而出，请命前去战华雄。曹操让他喝一杯热酒再去，关羽却说："酒且斟下，某去便来。"然后提刀上马而去。众诸侯在帐中发现关外喊声大举，地动山摇，皆大惊失色，正要派人探听外面的战况，却见关羽已回到军中，将华雄的首级扔到地下，而这时那杯酒还是温的。这些内容突出表现了关羽的神勇。

曹操煮酒论英雄

玄德也防曹操谋害，就下处后园种菜，亲自浇灌，以为韬晦①之计。关、张二人曰："兄不留心天下大事，而学小人②之事，何也？"玄德曰："此非二弟所知也。"二人乃不复言。

一日，关、张不在，玄德正在后园浇菜，许褚、张辽引数十人入园中曰："丞相有命，请使君便行。"玄德惊问曰："有甚紧事？"许褚曰：

"不知。只教我来相请。"玄德只得随二人入府见操。操笑曰："在家做得好大事！"唬③得玄德面如土色。操执玄德手，直至后园，曰："玄德学圃④不易！"玄德方才放心，答曰："无事消遣耳。"操曰："适见枝头梅子青青，忽感去年征张绣时，道上缺水，将士皆渴；吾心生一计，以鞭虚指曰：'前面有梅林。'军士闻之，口皆生唾，由是不渴。今见此梅，不可不赏。又值煮酒正熟，故邀使君小亭一会。"玄德心神方定。随至小亭，已设樽俎⑤：盘置青梅，一樽煮酒。二人对坐，开怀畅饮。

酒至半酣，忽阴云漠漠，骤雨将至。从人遥指天外龙挂⑥，操与玄德凭栏观之。操曰："使君知龙之变化否？"玄德曰："未知其详。"操曰："龙能大能小，能升能隐：大则兴云吐雾，小则隐介藏形⑦；升则飞腾于宇宙之间，隐则潜伏于波涛之内。方今春深，龙乘时变化，犹人得志而纵横四海。龙之为物，可比世之英雄。玄德久历四方，必知当世英雄。请试指言之。"玄德曰："备肉眼安识英雄？"操曰："休得过谦。"玄德曰："备叨⑧恩庇，得仕于朝。天下英雄，实有未知。"操曰："既不识其面，亦闻其名。"玄德曰："淮南袁术，兵粮足备，可为英雄？"操笑曰："冢中枯骨，吾早晚必擒之！"玄德曰："河北袁绍，四世三公，门多故吏；今虎踞冀州之地，部下能事者极多，可为英雄？"操笑曰："袁绍色厉胆薄，好谋无断；干大事而惜身，见小利而忘命：非英雄也。"玄德曰："有一人名称八俊，威镇九州——刘景升可为英雄？"操曰："刘表虚名无实，非英雄也。"玄德曰："有一人血气方刚，江东领袖——孙伯符乃英雄也？"操曰："孙策借父之名，非英雄也。"玄德曰："益州刘季玉，可为英雄乎？"操曰："刘璋虽系宗室，乃守户之犬耳，何足为英雄！"玄德曰："如张绣、张鲁、韩遂等辈皆何如？"操鼓掌大笑曰："此等碌碌小人，何足挂齿！"玄德曰："舍此之外，备实不知。"操曰："夫英雄者，胸怀大志，腹有良谋，有包藏宇宙之机，吞吐天地之志者也。"玄德曰："谁能当之？"操以手指玄德，后自指，曰："今天下英雄，惟使君与操耳！"玄德闻言，吃了一惊，手中所执匙箸⑨，不觉落于地下。时正值天雨将至，雷声大作。玄德乃从容俯首拾箸曰："一震之威，乃至于此。"操笑曰："丈夫亦畏雷乎？"玄德曰："圣人迅雷风烈必变⑩，安得不畏？"将闻言失箸缘故，轻轻掩饰过了。操遂不疑玄德。后人有诗赞曰：

勉从虎穴暂趋身，说破英雄惊杀人。

巧借闻雷来掩饰，随机应变信如神。

注释

①韬晦（tāo huì）：把锋芒收敛起来。

②小人：封建统治阶级对劳动人民的诬蔑称呼。

③唬（xià）：通"吓"，害怕。

④学圃（pǔ）：学习种菜。

⑤樽俎（zūn zǔ）：酒食器具。

⑥龙挂：龙卷风。远望积雨云下呈漏斗状舒卷下垂，古人认为是施雨的龙在下挂吸水。

⑦隐介藏形：隐藏形体，使人看不见。介，鳞甲。

⑧叨（tāo）：犹"忝"。谦辞。表示受之有愧。

⑨箸（zhù）：筷子。

⑩圣人迅雷风烈必变：指孔子遇风雷必变容颜，表示对上天的敬畏。

品读与赏析

选文写刘备为了防备曹操谋害自己，假装不关心天下大事，在自己的住处后园种菜，韬光养晦。曹操虽看在眼里，但是并不放心，于是摆下酒宴来试探刘备。刘备欣然赴宴，席间，与曹操煮酒论英雄，品评当时叱咤风云的豪杰人物，但未提自己。而曹操却直接挑明"今天下英雄，惟使君与操耳"，这令刘备大吃一惊，连手中的筷子都落到了地上。幸好雷声大作，刘备借此掩饰了自己"闻言失箸"的真正原因。这些描写突出表现了曹操的锋芒毕露、咄咄逼人、雄才大略和野心勃勃，也展现了刘备的大智若愚、隐忍机智。

诸葛亮舌战群儒

张昭等见孔明丰神飘洒，器宇轩昂，料道此人必来游说。张昭先以言挑之曰："昭乃江东微末之士，久闻先生高卧隆中，自比管、乐①。此语果有之乎？"孔明曰："此亮平生小可之比也。"昭曰："近闻刘豫州三顾先生于草庐之中，幸得先生，以为'如鱼得水'，思欲席卷荆襄。今一旦以属曹操，未审是何主见？"孔明自思张昭乃孙权手下第一个谋士，若不先难倒他，如何说得孙权，遂答曰："吾观取汉上之地，易如反掌。我主刘豫州躬行仁义，不忍夺同宗之基业，故力辞之。刘琮孺子，听信佞言，暗自投降，致使曹操得以猖獗。今我主屯兵江夏，别有良图，非等闲可知也。"昭曰："若此，是先生言行相违也。先生自比管、乐——管仲相桓公，霸诸侯，一匡天下；乐毅扶持微弱之燕，下齐七十余城：此二人者，真济世之才也。先生在草庐之中，但笑傲风月，抱膝危坐。今既从事刘豫州，当为生灵兴利除害，剿灭乱贼。且刘豫州未得先生之前，尚且纵横寰宇，割据城池；今得先生，人皆仰望。虽三尺童蒙，亦谓彪虎生翼，将见汉室复兴，曹氏即灭矣。朝廷旧臣，山林隐士，无不拭目而待：以为拂高天之云翳，仰日月之光辉，拯民于水火之中，措天下于衽席②之上，在此时也。何先生自归豫州，曹兵一出，弃甲抛戈，望风而窜；上不能报刘表以安庶民，下不能辅孤子而据疆土；乃弃新野，走樊城，败当阳，奔夏口，无容身之地：是豫州既得先生之后，反不如其初也。管仲、乐毅，果如是乎？愚直之言，幸勿见怪！"孔明听罢，哑然而笑曰："鹏飞万里，其志岂群鸟能识哉？譬如人染沉疴③，当先用糜粥以饮之，和药以服之；待其腑脏调和，形体渐安，然后用肉食以补之，猛药以治之：则病根尽去，人得全生也。若不待气脉和缓，便投以猛药厚味，欲求安保，诚为难矣。吾主刘豫州，向日军败于汝南，寄迹刘表，兵不满千，将止关、张、赵云而已：此正如病势尪羸④已极之时也。新野山僻小县，人民稀少，粮食鲜薄，豫州不过暂借以容身，岂真将坐守于此耶？夫以甲兵不完，城郭不固，军不经练，粮不继日，然而博望烧屯，白河用水，使夏侯惇、曹仁辈心惊胆裂：窃谓管仲、乐毅之用兵，未必过此。至于刘琮降操，豫州实出不知；且又不忍乘乱夺同宗之基业，此真大仁大义也。当阳之败，豫州见有数十万赴义之民，扶老携幼相随，不忍弃之，日行十里，不思进取江陵，甘与同败，此亦大仁大义也。寡不敌众，胜负乃其常事。昔高皇数败于项羽，而垓下一战成功，此非韩信之良谋乎？夫信久事高皇，未尝累胜。盖国家大计，社稷安危，是有主谋。非比夸辩之徒，虚誉欺人：坐议立谈，无人可及；临机应变，百无一能。诚为天下笑耳！"这一篇言语，说得张昭并无一言回答。

座上忽一人抗声问曰："今曹公兵屯百万，将列千员，龙骧虎视⑤，平吞江夏，公以为何如？"孔明视之，乃虞翻也。孔明曰："曹操收袁绍蚁聚之兵，劫刘表乌合之众，虽数百万不足惧也。"虞翻冷笑曰："军败于当阳，计穷于夏口，区区求救于人，而犹言'不惧'，此真大言欺人也！"孔明曰："刘豫州以数千仁义之师，安能敌百万残暴之众？退守夏口，所以待时也。今江东兵精粮足，且有长江之险，犹欲使其主屈膝降贼，不顾天下耻笑。由此论之，刘豫州真不惧操贼者矣！"虞翻不能对。

座间又一人问曰："孔明欲效仪、秦之舌，游说东吴耶？"孔明视之，乃步骘也。孔明曰："步子山以苏秦、张仪为辩士，不知苏秦、张仪亦豪杰也：苏秦佩六国相印，张仪两次相秦，皆有匡扶人国之谋，非比畏强凌弱，惧刀避剑之人也。君等闻曹操虚发诈伪之词，便畏惧请降，敢笑苏秦、张仪乎？"步骘默然无语。

忽一人问曰："孔明以曹操何如人也？"孔明视其人，乃薛综也。孔明答曰："曹操乃汉贼也，又何必问？"综曰："公言差矣。汉传世至今，天数将终。今曹公已有天下三分之二，人皆归心。刘豫州不识天时，强欲与争，正如以卵击石，安得不败乎？"孔明厉声曰："薛敬文安得出此无父无君之言乎！夫人生天地间，以忠孝为立身之本。公既为汉臣，则见有不臣之人，当誓共戮之：臣之道也。今曹操祖宗叨食汉禄，不思报效，反怀篡逆之心，天下之所共愤；公乃以天数归之，真无父无君之人也！不足与语！请勿复言！"薛综满面羞惭，不能对答。

座上又一人应声问曰："曹操虽挟天子以令诸侯，犹是相国曹参之后。刘豫州虽云中山靖王苗裔，却无可稽考，眼见只是织席贩屦之夫耳，何足与曹操抗衡哉！"孔明视之，乃陆绩也。孔明笑曰："公非袁术座间怀桔之陆郎乎？请安坐，听吾一言：曹操既为曹相国之后，则世为汉臣矣；今乃专权肆横，欺凌君父，是不惟无君，亦且蔑祖，不惟汉室之乱臣，亦曹氏之贼子也。刘豫州堂堂帝胄⑥，当今皇帝，按谱赐爵，何云'无可稽考'？且高祖起身亭长，而终有天下；织席贩屦，又何足为辱乎？公小儿之见，不足与高士共语！"陆绩语塞。

座上一人忽曰："孔明所言，皆强词夺理，均非正论，不必再言。且请问孔明治何经典？"孔明视之，乃严畯也。孔明曰："寻章摘句，世之腐儒也，何能兴邦立事？且古耕莘伊尹，钓渭子牙，张良、陈平之流，邓禹、耿弇之辈，皆有匡扶宇宙之才，未审其生平治何经典。岂亦效书生，区区于笔砚之间，数黑论黄⑦，舞文弄墨而已乎？"严畯低头丧气而不能对。

忽又一人大声曰："公好为大言，未必真有实学，恐适为儒者所笑耳。"孔明视其人，乃汝阳程德枢也。孔明答曰："儒有君子小人之别。君子之儒，忠君爱国，守正恶邪，务使泽及当时，名留后世。——若夫小人之儒，惟务雕虫，专工翰墨；青春作赋，皓首穷经；笔下虽有千言，胸中实无一策。且如扬雄⑧以文章名世，而屈身事莽，不免投阁而死，此所谓小人之儒也；虽日赋万言，亦何取哉！"程德枢不能对。

众人见孔明对答如流，尽皆失色。时座上张温、骆统二人，又欲问难。忽一人自外而入，厉声言曰："孔明乃当世奇才，君等以唇舌相难，非敬客之礼也。曹操大军临境，不思退敌之策，乃徒斗口耶！"众视其人，乃零陵人，姓黄，名盖，字公覆，现为东吴粮官。当时黄盖谓孔明曰："愚闻多言获利，不如默而无言。何不将金石之论为我主言之，乃与众人辩论也？"孔明曰："诸君不知世务，互相问难，不容不答耳。"于是黄盖与鲁肃引孔明入。至中门，正遇诸葛瑾，孔明施礼。瑾曰："贤弟既到江东，如何不来见我？"孔明曰："弟既事刘豫州，理宜先公后私。公事未毕，不敢及私。望兄见谅。"瑾曰："贤弟见过吴侯，却来叙话。"说罢自去。鲁肃曰："适间所嘱，不可有误。"孔明点头应诺。

引至堂上，孙权降阶而迎，优礼相待。施礼毕，赐孔明坐。众文武分两行而立。鲁肃立于孔明之侧，只看他讲话。孔明致玄德之意毕，偷眼看孙权：碧眼紫髯，堂堂一表。孔明暗思："此人相貌非常，只可激，不可说。等他问时，用言激之便了。"

献茶已毕，孙权曰："多闻鲁子敬谈足下之才，今幸得相见，敢求教益。"孔明曰："不才无学，有辱明问。"权曰："足下近在新野，佐刘豫州与曹操决战，必深知彼军虚实。"孔明曰："刘豫州兵微将寡，更兼新野城小无粮，安能与曹操相持。"权曰："曹兵共有多少？"孔明曰："马步水军，约有一百馀万。"权曰："莫非诈乎？"孔明曰："非诈也。曹操就兖州已有青州军二十万；平了袁绍，又得五六十万；中原新招之兵三四十万；今又得荆州之军二三十万：以此计之，不下一百五十万。亮以百万言之，恐惊江东之士也。"鲁肃在旁，闻言失色，以目视孔明；孔明只做不见。权曰："曹操部下战将，还有多少？"孔明曰："足智多谋之士，能征惯战之将，何止一二千人。"权曰："今曹操平了荆、楚，复有远图乎？"孔明曰："即今沿江下寨，准备战船，不欲图江东，待取何地？"权曰："若彼有吞并之意，战与不战，请足下为我一决。"孔明曰："亮有一言，但恐将军不肯听从。"权曰："愿闻高论。"孔明曰："向者宇内⑨大乱，故将军起江东，刘豫州收众汉南，与曹操并争天下。今操芟除⑩大难，略已平矣；近又新破荆州，威震海内；纵有英雄，无用武之地；故豫州遁逃至此。愿将军量力而处之：若能以吴、越之众，与中国抗衡，不如早与之绝；若其不能，何不从众谋士之论，按兵束甲，北面而事之？"权未及答。孔明又曰："将军外托服从之名，内怀疑贰之见，事急而不断，祸至无日矣！"权曰："诚如君言，刘豫州何不降操？"孔明曰："昔田横，齐之壮士耳，犹守义不辱。况刘豫州王室之胄，英才盖世，众士仰慕。事之不济，此乃天也，又安能屈处人下乎！"

　　孙权听了孔明此言，不觉勃然变色，拂衣而起，退入后堂。众皆哂笑⑪而散。鲁肃责孔明曰："先生何故出此言？幸是吾主宽洪大度，不即面责。先生之言，藐视吾主甚矣。"孔明仰面笑曰："何如此不能容物耶！我自有破曹之计，彼不问我，我故不言。"肃曰："果有良策，肃当请主公求教。"孔明曰："吾视曹操百万之众，如群蚁耳！但我一举手，则皆为齑粉⑫矣！"肃闻言，便入后堂见孙权。权怒气未息，顾谓肃曰："孔明欺吾太甚！"肃曰："臣亦以此责孔明，孔明反笑主公不能容物。破曹之策，孔明不肯轻言，主公何不求之？"权回嗔作喜⑬曰："原来孔明有良谋，故以言词激我。我一时浅见，几误大事。"便同鲁肃重复出堂，再请孔明叙话。权见孔明，谢曰："适来冒渎威严，幸勿见罪。"孔明亦谢曰："亮言语冒犯，望乞恕罪。"权邀孔明入后堂，置酒相待。

　　数巡之后，权曰："曹操平生所恶者：吕布、刘表、袁绍、袁术、豫州与孤耳。今数雄已灭，独豫州与孤尚存。孤不能以全吴之地，受制于人。吾计决矣。非刘豫州莫与当曹操者；然豫州新败之后，安能抗此难乎？"孔明曰："豫州虽新败，然关云长犹率精兵万人；刘琦领江夏战士，亦不下万人。曹操之众，远来疲惫；近追豫州，轻骑一日夜行三百里，此所谓'强弩之末，势不能穿鲁缟⑭'者也。且北方之人，不习水战。荆州士民附操者，迫于势耳，非本心也。今将军诚能与豫州协力同心，破曹军必矣。操军破，必北还，则荆、吴之势强，而鼎足之形成矣。成败之机，在于今日。惟将军裁之。"权大悦曰："先生之言，顿开茅塞。吾意已决，更无他疑。即日商议起兵，共灭曹操！"遂令鲁肃将此意传谕文武官员，就送孔明于馆驿安歇。

注 释

①管、乐：指春秋时齐国名相管仲与战国时燕国名将乐毅。他们都是当时的名臣。

②衽（rèn）席：泛指卧席，借指太平安居的生活。

③沉疴（kē）：重病。

④尪羸（wāng léi）：指瘦弱或（身体）虚弱。

⑤龙骧虎视：像龙一样高昂着头，像老虎一样注视着猎物。形容人的气概威武。也比喻施展雄才大略。

⑥帝胄：皇族。

⑦数黑论黄：背后说长道短，肆意诽谤别人。

⑧扬雄：前53—18，字子云，西汉著名辞赋家。

⑨宇内：整个国家之内。

⑩芟（shān）除：消灭，铲除。

⑪哂（shěn）笑：讥笑。

⑫齑（jī）粉：细粉，碎屑。

⑬回嗔（chēn）作喜：由生气转为欢喜。嗔，生气。

⑭鲁缟（gǎo）：一种白色的绢，非常薄。

品读与赏析

选文写的是诸葛亮只身随鲁肃过江，游说江东群臣。当时正值刘备新败，退守夏口，曹操大军压境，而江东群臣的降曹意见甚嚣尘上。在此情势下，诸葛亮发挥自己的出色辩才，舌战群儒，将江东幕僚一个个都驳倒了，并最终说服了江东之主孙权，取得了孙刘联盟的情势，使双方得以共抗曹操，以求自立。选文突出表现了诸葛亮的过人胆识、雄辩口才以及善于观察、随机应变的才智。

考题点击

1（2018年贵州安顺卷）

我国古典文学名著《三国演义》中塑造了一个过五关斩六将、千里走单骑的英雄形象，这个英雄是_____。这部书中有关这个英雄的传奇故事还有许多，请用最简洁的语言写出一个故事的名字：_____。

2（2016年山东德州卷）

在《水浒传》中高太尉设下"借刀杀人计"，让林冲误闯白虎堂陷入绝境逼上梁山；《三国演义》中_____（人名）巧施此计，利用_____（人名）盗书，借曹操之手杀了蔡瑁、张允。

3（2018年黑龙江哈尔滨卷）

《三国演义》中的人物和情节对应不正确的一项是（　　　）

A．诸葛亮——火烧新野　　　B．曹操——火烧乌巢

C．关羽——火烧赤壁　　　　D．陆逊——火烧连营

4（2018年广西玉林卷）

下面依次对《三国演义》《水浒传》《西游记》《红楼梦》的表述，无误的一项是（　　　）

A．一生谨慎的诸葛亮足智多谋，在与东吴的交锋中三气"雄姿英发"的大都督周公瑾；一气让周郎"赔了夫人又折兵"，二气让东吴丢了南郡和荆州，三气则使周瑜仰天长叹"既生瑜，何生亮"，连叫数声而亡。

B．巾帼不让须眉。梁山泊一百零八位英雄中有四位女性，按排座次先后分别是：矮脚虎王英的妻子、武艺高强的一丈青扈三娘，侠义敢为、开酒店的母大虫顾大嫂，同样曾开酒店的母夜叉孙二娘和一枝花蔡庆。

C. 在西天取经路上，唐三藏先来到西梁女国，被貌赛西施的女国王相中招亲；后到天竺国，被假冒天竺国公主的玉兔妖精将绣球抛在头上欲招为配偶。唐僧不为烟花所动，不向妖邪屈服，不忘初心，排除干扰，矢志西行取经。

D. 大观园内成立过两个诗社：第一个名为"桃花社"，社设稻香村，李纨任社长；第二个名为"海棠社"，社设潇湘馆，林黛玉任社主。园中女儿两度欢聚，先写诗，后作词，各展才情，共赏佳作，高雅地快乐着。

5（2016年福建漳州卷）

阅读下面的语段，回答问题。

先主传旨，请A坐于龙榻之侧，抚其背曰："朕自得丞相，幸成帝业……嗣子孱弱，不得不以大事相托。"言讫，泪流满面。A亦涕泣曰："愿陛下善保龙体，以副天下之望！"

——《三国演义》

文段中A指代的人物是_____，出自名著中的精彩故事_____，这个故事的起因是_____。

6（2016年湖北随州卷）

阅读《三国演义》选段，完成（1）（2）题。

"龙之为物，可比世之英雄。A久历四方，必知当世英雄。请试指言之。"A曰："A肉眼安识英雄？"操曰："休得过谦。"A曰："A叨恩庇，得仕于朝。天下英雄，实有未知。"操曰："既不识其面，亦闻其名。"A曰："淮南袁术，兵粮足备，可为英雄？"操笑曰："冢中枯骨，吾早晚必擒之！"A曰："河北袁绍，四世三公，门多故吏；今虎踞冀州之地，部下能事者极多，可为英雄？"操笑曰："袁绍色厉胆薄，好谋无断；干大事而惜身，见小利而忘命：非英雄也。"A曰："有一人名称八俊，威镇九州——刘景升可为英雄？"操曰："刘表虚名无实，非英雄也。"A曰："有一人血气方刚，江东领袖——孙伯符乃英雄也？"操曰："孙策借父之名，非英雄也。"A曰：

"益州刘季玉，可为英雄乎？"操曰："刘璋虽系宗室，乃守户之犬耳，何足为英雄！"A曰："如张绣、张鲁、韩遂等辈皆何如？"操鼓掌大笑曰："此等碌碌小人，何足挂齿！"A曰："舍此之外，A实不知。"操曰："夫英雄者，胸怀大志，腹有良谋，有包藏宇宙之机，吞吐天地之志者也。"A曰："谁能当之？"操以手指A，后自指，曰："今天下英雄，惟使君与操耳！"A闻言，吃了一惊，手中所执匙箸，不觉落于地下。时正值天雨将至，雷声大作。A乃从容俯首拾箸曰："一震之威，乃至于此。"操笑曰："丈夫亦畏雷乎？"A曰："圣人迅雷风烈必变，安得不畏？"

（1）A是指_____。

（2）概括选段故事情节。

_____

❼（2018年湖南张家界卷）

阅读下面短文，回答问题。

【甲】玄德回视其人：身长八尺，豹头环眼，燕颔虎须，声若巨雷，势如奔马。

【乙】智深正使得活泛，只见墙外一个官人喝采道："端的使得好！"智深听得，收住了手看时，只见墙缺边立着一个官人。怎生打扮？但见：头戴一顶青纱抓角儿头巾，脑后两个白玉圈连珠鬓环。身穿一领单绿罗团花战袍，腰系一条双搭尾龟背银带。穿一对磕瓜头朝样皂靴，手中执一把折叠纸西川扇子。那官人生的豹头环眼，燕颔虎须，八尺长短身材，三十四五年纪。

（1）选文【甲】和选文【乙】画波浪线处分别描写的是哪个人物？

_____

（2）请任选一个人物说出其主要性格特征，并结合一个情节简单说明。

_____

❽（2018年贵州毕节卷）

"三顾茅庐"的故事在小说《三国演义》中，作者洋洋洒洒写了数千字，在史书《三国志》中却只用了五个字做记录："凡三往，乃见。"请谈谈为什么会有这种区别。

_____

❾（2017年北京卷）

《三国演义》中，魏蜀吴三国鼎立，争霸天下；《水浒传》中，一百零八将聚义梁山，替天行道；《西游记》中，师徒四人历经磨难，西天取经。在他们各自的团队中，都有中心人物。请你从其中一部作品中选择一个中心人物，简要说明这个人物的"中心"作用是如何体现的。

_____

_____

❿（2016年浙江温州卷）

在《三国演义》中，刘表和吕布对刘备有不同的评价，你更赞成谁的观点？结合小说相关情节，简要论述。

①玄德仁人也。——刘表　　②是儿最无信者！——吕布

_____

_____

⓫（2016年浙江舟山卷）

"拼将一死酬知己，致令千秋仰义名"是清朝文学批评家毛宗岗对《三国演义》中关羽的赞誉。小说中，下列哪个人物也当得起这样的评价？说说你的理由（50字以内）。

A. 赵云　　　B. 吕布　　　C. 诸葛亮　　　D. 刘备

_____

_____

模拟训练

❶ 在《三国演义》中，为救阿斗在长坂坡杀了曹军七进七出的将军是_____，长坂坡头退曹军百万兵的将军是_____，使曹操割须弃袍的将军是_____。

❷ 杜牧《赤壁》诗中"东风不与周郎便，铜雀春深锁二乔"的句子写的是_____之战，涉及的两个人物是_____和_____。

❸ 从《三国演义》的描写来看，诸葛亮出山后三次用火的战役分别是_____、_____、_____，这就衍生了一个俗语：_____。

❹ 毛宗岗曾评论一人"智足以揽人才而欺天下"，此人是（　　　　）

　　A. 刘备　　　　B. 诸葛亮　　　C. 曹操　　　　D. 孙权

❺ 最能体现"富贵不能淫，威武不能屈"的英雄是（　　　　）

　　A. 关羽　　　　B. 甘宁　　　　C. 张飞　　　　D. 夏侯惇

❻ 与赤壁之战有关的事件有（　　　　）

　　A. 草船借箭　　　B. 群英会　　　　C. 苦肉计

　　D. 舌战群儒　　　E. 借东风

❼ 王允利用貂蝉除掉董卓的过程中用到的计策有（　　　　）

　　A. 美人计　　　　B. 连环计　　　　C. 反间计

　　D. 苦肉计　　　　E. 声东击西

❽ 判断对错，并把错误的地方改过来。

　　A. 曹操的长子是曹丕，为曹操之妻卞氏所生，因被暗杀而亡故。

　　　　　　　　　　　　　　　　　　　　　　　　　　　（　　　）

　　B. 曹操做了一个"三马食一槽"的梦，心中不快，于是对司马氏一族不再重用。

　　　　　　　　　　　　　　　　　　　　　　　　　　　（　　　）

C. 诸葛亮死在五丈原，葬在定军山，终年五十四岁，病危之时，蜀汉后主派尚书李福前去问安，问丞相百年之后谁人可继任，诸葛亮先说蒋琬，后说费祎。后诸葛武侯在定军山给魏将钟会托梦显圣。（　　　）

D. 曹操父名曹嵩，因花钱买官而官居太尉。后曹操欲接父亲来山东，路经徐州时，陶谦图财害命，半路杀害曹氏全家。（　　　）

E. 吴将陆逊火烧蜀营七百余里后，追至鱼腹浦，遇到周瑜所置"十万精兵"，后为小乔的父亲黄承彦所释。（　　　）

9 请用连线标出下列君臣关系及所属国的关系。

姜维	孙休	蜀
陆逊	曹丕	吴
杜预	刘禅	晋
司马懿	司马炎	魏

10 某学校校园文化墙上写了一首诗，内容如下：

功盖三分国，名成八阵图。

江流石不转，遗恨失吞吴。

请仔细阅读这首诗，完成下面两题。

（1）指出这首诗所歌咏的人物。

_____

（2）用简练的语言写出与这个人物有关的故事或典故。（不超过10个字）

11 中国古典名著中，有不少关于打斗的精彩描写，下面是摘录的两段。

【甲】张郃骤马到面前，一枪刺倒——却是一个草人。急勒马回时，帐后连珠炮起。一将当先，拦住去路，睁圆环眼，声如巨雷，挺矛跃马，直取张郃。两将在火光中，战到三五十合……

【乙】鼓声响处，庞德出马曰："吾奉魏王旨，特来取汝首！恐汝不信，备榇在此。汝若怕死，早下马受降！"公大骂曰："量汝一匹夫，亦何能为！可惜我青龙刀斩汝鼠贼！"纵马舞刀，来取庞德。德轮刀来迎。二将战有百馀合，精神倍长。两军各看得痴呆了。

【甲】语段写的是＿＿＿＿＿（人名）大战张郃，【乙】语段写的是＿＿＿＿＿（人名）大战庞德，两段文字均出自《＿＿＿＿＿＿》。

⑫《三国演义》为我们塑造了一个个鲜活的人物形象。请你根据阅读积累，写出一个与《三国演义》中的人物有关的歇后语，并简要介绍与之相关的故事情节。

歇后语：＿＿＿＿＿＿＿＿＿＿＿＿＿＿＿＿＿＿＿＿＿＿＿＿＿＿＿＿

故事情节：＿＿＿＿＿＿＿＿＿＿＿＿＿＿＿＿＿＿＿＿＿＿＿＿＿＿

＿＿＿＿＿＿＿＿＿＿＿＿＿＿＿＿＿＿＿＿＿＿＿＿＿＿＿＿＿＿＿＿

⑬下列对联所指何人？请写出来。

（1）赤面秉赤心，骑赤兔追风，驰驱时无忘赤帝；

　　　青灯观青史，仗青龙偃月，隐微处不愧青天。

＿＿＿＿＿＿＿＿＿＿＿＿＿＿＿＿＿＿＿＿＿＿＿＿＿＿＿＿＿＿＿＿

（2）心在朝廷，原无论先主后主；

　　　名高天下，何必辨襄阳南阳。

＿＿＿＿＿＿＿＿＿＿＿＿＿＿＿＿＿＿＿＿＿＿＿＿＿＿＿＿＿＿＿＿

⑭"赤壁遗雄烈，青年有俊声。弦歌和雅意，杯酒谢良朋。曾遏三千斛，常驱十万兵。巴丘终命处，凭吊欲伤情。"这首诗写的是谁？

＿＿＿＿＿＿＿＿＿＿＿＿＿＿＿＿＿＿＿＿＿＿＿＿＿＿＿＿＿＿＿＿

⑮阅读下列《三国演义》选段，回答后面的问题。

操曰："适见枝头梅子青青，忽感去年征张绣时，道上缺水，将士皆渴；吾心生一计，以鞭虚指曰：'前面有梅林。'军士闻之，口皆生唾，由是不渴。今见此梅，不可不赏。又值煮酒正熟，故邀使君小亭一会。"玄德心神方定。随至小亭，已设樽俎：盘置青梅，一樽煮酒。二人对坐，开怀畅饮。

　　酒至半酣，忽阴云漠漠，骤雨将至。从人遥指天外龙挂，操与玄德凭栏观之。操曰："使君知龙之变化否？"玄德曰："未知其详。"操曰："龙能大能小，能升能隐：大则兴云吐雾，小则隐介藏形；升则飞腾于宇宙之间，隐则潜伏于波涛之内。方今春深，龙乘时变化，犹人得志而纵横四海。龙之为物，可比世之英雄。玄德久历四方，必知当世英雄。请试指言之。"玄德曰："备肉眼安识英雄？"操曰："休得过谦。"玄德曰："备叨恩庇，得仕于朝。天下英雄，实有未知。"操曰："既不识其面，亦闻其名。"玄德曰："淮南袁术，兵粮足备，可为英雄？"操笑曰："冢中枯骨，吾早晚必擒之！"玄德曰："河北袁绍，四世三公，门多故吏；今虎踞冀州之地，部下能事者极多，可为英雄？"操笑曰："袁绍色厉胆薄，好谋无断；干大事而惜身，见小利而忘命：非英雄也。"玄德曰："有一人名称八俊，威镇九州——刘景升可为英雄？"操曰："刘表虚名无实，非英雄也。"玄德曰："有一人血气方刚，江东领袖——孙伯符乃英雄也？"操曰："孙策借父之名，非英雄也。"玄德曰："益州刘季玉，可为英雄乎？"操曰："刘璋虽系宗室，乃守户之犬耳，何足为英雄！"玄德曰："如张绣、张鲁、韩遂等辈皆何如？"操鼓掌大笑曰："此等碌碌小人，何足挂齿！"玄德曰："舍此之外，备实不知。"操曰："夫英雄者，胸怀大志，腹有良谋，有包藏宇宙之机，吞吐天地之志者也。"玄德曰："谁能当之？"操以手指玄德，后自指，曰："今天下英雄，惟使君与操耳！"玄德闻言，吃了一惊，手中所执匙箸，不觉落于地下。时正值天雨将至，雷声大作。玄德乃从容俯首拾箸曰："一震之威，乃至于此。"

　　（1）这一故事情节的内容是什么？

_____

_____

　　（2）由文中曹操回忆"青梅"的往事所演化出来的一个成语是什么？

_____

_____

（3）从文中哪些具体描述可以看出刘备善于随机应变？

_____

_____

（4）《三国演义》中，有两个人诠释过"英雄"这一概念，是哪两个人？在你看来，什么样的人才配称为英雄？

_____

16 阅读下面的文字，回答文后的问题。

次日，于桃园中，备下乌牛白马祭礼等项，三人焚香再拜而说誓曰："念刘备、关羽、张飞，虽然异姓，既结为兄弟，则同心协力，救困扶危；上报国家，下安黎庶；不求同年同月同日生，只愿同年同月同日死。皇天后土，实鉴此心。背义忘恩，天人共戮！"誓毕，拜玄德为兄，关羽次之，张飞为弟。

（1）上段文字出自_____，作者是_____。

（2）"桃园结义"是人们耳熟能详的经典故事。请结合材料谈谈我们应该怎样结交朋友。

_____

17《三国志·吴书·陆逊传》载："舟船器械、水步军资，一时略尽。尸骸漂流，塞江而下。"这是《三国演义》中的哪一次战役？请概述此次战役的经过。

_____

18 "义"是《三国演义》的思想精髓和灵魂。俄国学者称赞《三国演义》是"一部真正具有丰富人民性的杰作"。第一回中是通过什么事来表现这一点的？故事中的人物曾立下什么誓言？

_____

_____

水浒传

◀名著简介▶

北宋徽宗时期，皇帝昏庸，奸臣当道，民不聊生。故事从踢得一脚好球的高俅说起，他升官后，为报私仇要陷害禁军教头王进，逐渐引出"王教头私走延安府""鲁提辖拳打镇关西"等故事，后又陆续上演了一个个传奇英雄故事。前前后后，共一百零八位好汉高举义旗，惩恶扬善，被迫聚义在梁山泊。

◀写作背景▶

《水浒传》的故事源于北宋末年的宋江起义。其事在《宋史》之《徽宗本纪》《侯蒙传》《张叔夜传》以及其他一些史料中有简略的记载，大致可以知道，以宋江为首的这支武装有首领三十六人，一度"横行齐魏""转略十郡，官军莫敢撄其锋"，后在海州被张叔夜伏击而降。

宋江等人的事迹很快演变为民间传说。宋末元初人龚开所作的《宋江三十六人赞》并《序》记载了三十六人的姓名和绰号，并在序中说："宋江事见于街谈巷语。"由此可知，一则当时关于宋江事迹的民间传闻已经很盛，二则龚开所录三十六人，未必与历史上的人物相符。又据同为宋末元初人罗烨的《醉翁谈录》记载，当时已有"青面兽杨志""花和尚鲁智深""行者武松"等说话名目，显然是一些分别独立的水浒故事。《宣和遗事》也有一部分内容涉及水浒故事，从杨志等押送花石纲、杨志卖刀，依次述及晁盖等智劫生辰纲、宋江私放晁盖、宋江杀阎婆惜、宋江九天玄女庙受天书、三十六将共反、张叔夜招降、宋江平方腊封节度使等情节，虽然像是简要的提纲，却已有了一种系统的面目，像是《水浒传》的雏形。而元杂剧中也有相当数量的水浒戏，它们于水浒故事有所发展，其中李逵、宋江、燕青的形象已相当生动了。概括而言，自宋元之际始，水浒故事以说话、戏剧为主要形式，在民间愈演愈盛，它显然投合了老百姓的心理与爱好。这些故事虽然分别独立，但相互之间有内在的联系。《水浒传》的作者就是在这样的基础上，创作出了一部杰出的长篇小说。

作者简介

施耐庵，生平不详，一般认为是元末明初钱塘（今浙江杭州）人。关于他的生平和著作，有不少附会虚构的说法，尚待进一步研究。

主要人物

宋江——宋江原为山东郓城县一刀笔小吏，平素为人仗义疏财，好结交朋友，以"及时雨"之称闻名天下。因晁盖等人在黄泥冈劫生辰纲事发，宋江把官军追捕的消息告知了晁盖。晁盖等人上梁山后，遣刘唐送来书信及五十两黄金酬谢宋江。不料，此信落入宋江之妾阎婆惜之手。无奈，宋江杀了阎婆惜，被发配江州，与李逵等相识，幸得梁山好汉搭救，却又因在浔阳楼题反诗而被判死罪。后来，宋江因知人善用，在梁山坐了第二把交椅。攻打曾头市时，晁盖中毒箭而亡，宋江遂坐上头把交椅。

鲁智深——本名鲁达，原为经略府提辖，因见镇关西郑屠欺侮金翠莲父女，便三拳将其打死，被官府追捕，逃到五台山削发为僧，法名智深。鲁智深忍受不了佛门清规，醉打山门，毁坏金刚，被长老派往东京大相国寺看守菜园，因将偷菜的泼皮踢进了粪池、倒拔垂杨柳等事件，威名远播。鲁智深在野猪林救了林冲，高俅派人捉拿鲁智深。鲁智深在二龙山落草，后投奔水泊梁山，做了步军头领。

林冲——豹子头林冲原是东京八十万禁军教头，被奸臣高俅父子谋害，刺配沧州，火烧草料场后，由柴进推荐上梁山，后火并了王伦，成为山寨五虎将之一。他武艺高强，有勇有谋，有一定的社会地位，一直安分守己，逆来顺受，忍无可忍才被逼上梁山，是上层人物被迫反抗的典型。

作品评价

《水浒传》继承并发展了现实主义和浪漫主义的优秀传统，在英雄人物的塑造上尤其成功。全书宏大的历史主题，主要是在对起义英雄的歌颂和对他们斗争的具体描绘中表现出来的。其英雄形象的成功塑造，是作品具有光辉艺术生命的重要因素。在本书中，出现了众多个性鲜明的人物形象，这些人物形象有血有肉，栩栩如生，跃然纸上。

《水浒传》从话本发展而来，完全使用白话，语言明快、洗练，无论叙述事件还是刻画人物，常常是寥寥几笔，就达到绘声绘色、形神毕肖的境界。书中人物语言具有个性，不同人物性格不同，说话方式也不一样，取得了很高的艺术成就。

《水浒传》是一部伟大的小说，是人类文化的瑰宝。

主题思想

《水浒传》是我国最早的长篇小说之一，也是第一部描写农民起义的小说。全书围绕"官逼民反"这一线索展开情节，描写了一百零八位英雄好汉被逼上梁山，队伍逐渐壮大，起义到最后接受招安的全过程。梁山泊中的一百零八将传说是三十六个天罡星和七十二个地煞星转世，他们讲究忠和义，爱打抱不平、劫富济贫，不满贪官污吏，最后集结于梁山，与腐化的朝廷抗争。小说成功地塑造了宋江、林冲、李逵、鲁智深、武松等鲜明的人物形象，也向读者展示了宋代的政治与社会状况。这部小说最闪光的思想在于它对封建统治者视为"盗贼草寇"的农民起义给予充分肯定，并深刻揭示了农民起义的社会根源，即上至皇帝下至高俅这样的大臣和大小官吏的横行霸道、昏庸无能，致使民不聊生，尖锐的阶级矛盾逐渐加深。

艺术特色

1. 叙事翔实而精彩

《水浒传》中的叙事以精细准确、生动逼真而取胜。事件、场景写得极为精彩，以"武松打虎"最为典型。叙事过程翔实生动，最有名的是"智取生辰纲"。杨志押送生辰纲上路到莫名其妙丢失了生辰纲的过程，尽管是单线叙述，但叙事曲折细致，矛盾错综复杂，情节纵横开阖，巧妙地展现了这一紧张而有趣的争夺场面。

2. 语言通俗而生动

《水浒传》是从话本发展而来的，话本的语言本来就有通俗、生动、明快、感情色彩强烈等特点，经过作者的加工，就更加精彩了。《水浒传》的人物语言充满个性，而且前后一贯，没有千人一面的缺陷。例如，李逵就是一个话到人到、闻其声见其人的人物形象。他一出场，就以其独特的个性、鲜明的话语活跃了全书。他的语言举止无不反映出他野性十足、粗鲁憨直的个性特征。

阅读感悟

《水浒传》中一百零八位好汉为兄弟、为朋友赴汤蹈火、两肋插刀，甚至出生入死，就只为了一个"义"字。由此可见，一个"义"字虽然笔画不多，有时却要一个人用生命去书写。在现实生活中，"义"却不是谁都可以做到的，因为做到"义"需要一个人有相当大的勇气和决心。

　　《水浒传》里的鲁智深生性鲁莽，性情暴躁，但是他拳打镇关西，路见不平，拔刀相助，令丧尽天良的家伙闻风丧胆。在现实生活中，虽然没有这样惊心动魄的大事发生，现代社会法制健全，也不允许我们用这种方式伸张正义，但"义"字依然渗透在我们的生活中。面对社会不良现象，我们应该勇敢站出来批评、指责，打击歪风邪气。这就是"义"的表现。

　　沧海桑田，风流人物早已随时光远去，然而这些热血男儿留下的"义"永远镌刻在书页上，留在人们心中。

经典章节鉴赏

花和尚倒拔垂杨柳

　　且说菜园左近，有二三十个赌博不成才破落户泼皮，泛常在园内偷盗菜蔬，靠着养身。因来偷菜，看见廨宇①门上新挂一道库司榜文，上说："大相国寺仰委管菜园僧人鲁智深前来住持，自明日为始掌管，并不许闲杂人等入园搅扰。"那几个泼皮看了，便去与众破落户商议道："大相国寺里差一个和尚，甚么鲁智深，来管菜园。我们趁他新来，寻一场闹，一顿打下头来，教那厮伏我们。"数中一个道："我有一个道理。他又不曾认得我，我们如何便去寻得闹？等他来时，诱他去粪窖边，只作恭贺他，双手抢住脚，翻筋斗撷那厮下粪窖去，只是小耍他。"众泼皮道："好，好！"商量已定，且看他来。

　　却说鲁智深来到廨宇退居内房中，安顿了包裹、行李，倚了禅杖，挂了戒刀。那数个种地道人都来参拜了，但有一应锁钥，尽行交割。那两个和尚同旧住持老和尚，相别了尽回寺去。

　　且说智深出到菜园地上，东观西望，看那园圃。只见这二三十个泼皮，拿着些果盒酒礼，都嘻嘻的笑道："闻知和尚新来住持，我们邻舍街坊都来作庆。"智深不知是计，直走到粪窖边来。……有两个为头的，一个叫作过街老鼠张三，一个叫作青草蛇李四。这两个为头接将来，智深也却好去粪窖边，看见这伙人都不走动，只立在窖边，齐道："俺特来与和尚作庆。"智深道："你们既是邻舍街坊，都来廨宇里坐地。"张三、李四便拜在地上，不肯起来，只指望和尚来扶他，便要动手。智深见了，心里早疑忌道："这伙人不三不四，又不肯近前来，莫不要擿洒家？那厮却是倒来捋虎须，俺且走向前去，教那厮看洒家手脚。"

智深大踏步近前，去众人面前来。那张三、李四便道："小人兄弟们特来参拜师父。"口里说，便向前去，一个来抢左脚，一个来抢右脚。智深不等他占身，右脚早起，腾的把李四先踢下粪窖里去。张三恰待走，智深左脚早起，两个泼皮都踢在粪窖里挣侧。后头那二三十个破落户，惊得目睁痴呆，都待要走，智深喝道："一个走的，一个下去！两个走的，两个下去！"众泼皮都不敢动弹。只见那张三、李四在粪窖里探起头来。原来那座粪窖没底似深，两个一身臭屎，头发上蛆虫盘满，立在粪窖里，叫道："师父，饶恕我们！"智深喝道："你那众泼皮，快扶那鸟上来，我便饶你众人。"众人打一救，挽到葫芦架边，臭秽不可近前。智深呵呵大笑道："兀那蠢物！你且去菜园池子里洗了来，和你众人说话。"

两个泼皮洗了一回，众人脱件衣服与他两个穿了。智深叫道："都来廨宇里坐地说话。"智深先居中坐了，指着众人道："你那伙鸟人，休要瞒洒家，你等都是什么鸟人，来这里戏弄洒家？"那张三、李四并众火伴一齐跪下，说道："小人祖居在这里，都只靠赌博讨钱为生。这片菜园是俺们衣饭碗，大相国寺里几番使钱要奈何我们不得。师父却是那里来的长老？恁的了得！相国寺里不曾见有师父。今日我等愿情伏侍。"智深道："洒家是关西延安府老种经略相公帐前提辖官，只为杀的人多，因此情愿出家，五台山来到这里。洒家俗姓鲁，法名智深。休说你这三二十个人直什么，便是千军万马队中，俺敢直杀得入去出来！"众泼皮喏喏②连声，拜谢了去。智深自来廨宇里房内，收拾整顿歇卧。

次日，众泼皮商量，凑些钱物，买了十瓶酒，牵了一个猪，来请智深。都在廨宇安排了，请鲁智深居中坐了，两边一带坐定那二三十泼皮饮酒。智深道："什么道理，叫你众人们坏钞。"众人道："我们有福，今日得师父在这里，与我等众人做主。"智深大喜。吃到半酣里，也有唱的，也有说的，也有拍手的，也有笑的。正在那里喧哄，只听得门外老鸦哇哇的叫。众人有扣齿的，齐道："赤口上天，白舌入地。"智深道："你们做什么鸟乱？"众人道："老鸦叫，怕有口舌。"智深道："那里取这话！"那种地道人笑道："墙角边绿杨树上新添了一个老鸦巢，每日只哜到晚。"众人道："把梯子去上面折了那巢便了。"有几个道："我们便去。"智深也乘着酒兴，都到外面看时，果然绿杨树上一个老鸦巢。众人道："把梯子上去折了，也得耳根清净。"李四便道："我与你盘上去，不要梯子。"智深相了一相，走到树前，把直裰脱了，用右手向下，把身倒缴着，却把左手拔住上截，把腰只一趁，将那株绿杨树带根拔起。众泼皮见了，一齐拜倒在地，只叫："师父非是凡人，正是真罗汉！身体无千万斤气力，如何拔得起！"智深道："打甚鸟紧！明日都看洒家演武使器械。"众泼皮当晚各自散了。从明日为始，这二三十个破落户见智深匾匾的伏，每日将酒肉来请智深，看他演武使拳。

注 释

①廨（xiè）宇：官吏办事的地方。
②喏喏：答应的声音，表示十分恭顺。

品读与赏析

选文写的是鲁智深身在佛门却不守寺规，经常喝酒闹事，因此被方丈派去看管菜园子。几个泼皮无赖想戏耍他一下，最后被他狠狠收拾了。乘着酒兴，鲁智深将杨树连根拔起。这些描写突出了鲁智深粗中有细、武艺高强、反应敏捷、疾恶如仇、豪爽大方、不计前嫌、自信满满的性格特征。

林教头风雪山神庙

林冲自来天王堂，取了包裹，带了尖刀，拿了条花枪，与差拨一同辞了管营，两个取路投草料场来。正是严冬天气，彤云密布，朔风渐起，却早纷纷扬扬卷下一天大雪来。那雪早下得密了。怎见得好雪？有《临江仙》词为证：

作阵成团空里下，这回忒杀堪怜。剡溪冻住子猷船。玉龙鳞甲舞，江海尽平填。

宇宙楼台都压倒，长空飘絮飞绵。三千世界玉相连。冰交河北岸，冻了十馀年。

大雪下得正紧，林冲和差拨两个在路上，又没买酒吃处，早来到草料场外。看时，一周遭有些黄土墙，两扇大门。推开看里面时，七八间草房做着仓廒，四下里都是马草堆，中间两座草厅。到那厅里，只见那老军在里面向火。差拨说道："管营差这个林冲来替你回天王堂看守，你可即便交割。"老军拿了钥匙，引着林冲，分付道："仓廒内自有官司封记，这几堆草一堆堆都有数目。"老军都点见了堆数，又引林冲到草厅上。老军收拾行李，临了说道："火盆、锅子、碗、碟，都借与你。"林冲道："天王堂内我也有在那里，你要便拿了去。"老军指壁上挂一个大葫芦，说道："你若买酒吃时，只出草场，投东大路去三二里，便有市井。"老军自和差拨回营里来。

只说林冲就床上放了包裹被卧，就坐下生些焰火起来。屋边有一堆柴炭，拿几块来生在地炉里。仰面看那草屋时，四下里崩坏了，又被朔风吹撼，摇振得动。林冲道："这屋如何过得一冬？待雪晴了，去城中唤个泥水匠来修理。"向了一回火，觉得身上寒冷，寻思："却才老军所说五里路外有那市井，何不去沽些酒来吃？"便去包里取些碎银子，把花枪挑了酒葫芦，将火炭盖了，取毡笠子戴上，拿了钥匙，出来把草厅门拽上。出到大门首，把两扇草场门反拽上锁了。带了钥匙，信步投东。雪地里踏着碎琼乱玉，迤逦①背着北风而行。那雪正下得紧。行不上半里多路，看见一所古庙。林冲顶礼道："神明庇佑，改日来烧钱纸。"又行了一回，望见一簇人家。林冲住脚看时，见篱笆中挑着一个草帚儿在露天里。林冲径到店里，主人道："客人那里来？"林冲道："你认得这个葫芦么？"主人看了道："这葫芦是草料场老军的。"林冲道："如何便认得？"店主道："既是草料场看守大哥，且请少坐。天气寒冷，且酌三杯权当接风。"店家切一盘熟牛肉，烫一壶热酒，请林冲吃。又自买了些牛肉，又吃了数杯，就又买了一葫芦酒，包了那两块牛肉，留下碎银子，把花枪挑了酒葫芦，怀内揣了牛肉，叫声相扰，便出篱笆门，依旧迎着朔风回来。看那雪，到晚越下得紧了。古时有个书生，作了一个词，单题那贫苦的恨雪②：

广莫严风刮地，这雪儿下得正好。扯絮挦绵，裁几片大如栲栳。见林间竹屋茅茨，争些儿被他压倒。富室豪家，却言道压瘴犹嫌少。向的是兽炭红炉，穿的是绵衣絮袄。手捻梅花，唱道国家祥瑞，不念贫民些小。高卧有幽人，吟咏多诗草。

再说林冲踏着那瑞雪，迎着北风，飞也似奔到草场门口，开了锁，入内看时，只叫得苦。原来天理昭然，佑护善人义士。因这场大雪，救了林冲的性命。那两间草厅已被雪压倒了。林冲寻思："怎的好？"放下花枪、葫芦在雪里，恐怕火盆内有火炭延烧起来，搬开破壁子，探半身入去摸时，火盆内火种都被雪水浸灭了。林冲把手床上摸时，只拽得一条絮被。林冲钻将出来，见天色黑了，寻思："又没打火处，怎生安排？"想起离了这半里路上，有个古庙，可以安身。"我且去那里宿一夜，等到天明却做理会。"把被卷了，花枪挑着酒葫芦，依旧把门拽上锁了，望那庙里来。

入得庙门，再把门掩上，傍边止有一块大石头，掇将过来，靠了门。入得里面看时，殿上坐着一尊金甲山神，两边一个判官，一个小鬼，侧边堆着一堆纸。团团③看来，又没邻舍，又无庙主。林冲把枪和酒葫芦放在纸堆上，将那条絮被放开，先取下毡笠子，把身上雪都抖了，把上盖④白布衫脱将下来，早有五分湿了，和毡笠子放在供桌上，把被扯来盖了半截下身。却把葫芦冷酒提来便吃，就将怀中牛肉下酒。正吃时，只听得外面必必剥剥的爆响。林冲跳起身来，就壁缝里看时，只见草料场里火起，刮刮杂杂烧着。看那火时，但见：

一点灵台，五行造化，丙丁在世传流。无明心内，灾祸起沧州。烹铁鼎能成万物，铸金丹还与重楼。思今古，南方离位，荧惑最为头。绿窗归焰烬，隔花深处，掩映钓渔舟。鏖兵赤壁，公瑾喜成谋。李晋王醉存馆驿，田单在即墨驱牛。周褒姒骊山一笑，因此戏诸侯。

当时张见草场内火起，四下里烧着，林冲便拿枪，却待开门来救火，只听得前面有人说将话来。林冲就伏在庙听时，是三个人脚步声，直奔庙里来。用手推门，却被林冲靠住了，推也推不开。三人在庙檐下立地看火，数内一个道："这条计好么？"一个应道："端的⑤亏管营、差拨两位用心。回到京师，禀过太尉，都保你二位做大官。这番张教头没得推故。"那人道："林冲今番直吃我们对付了，高衙内这病必然好了。"又一个道："张教头那厮，三回五次托人情去说'你的女婿殁了'，张教头越不肯应承。因此衙内病患看看重了，太尉特使俺两个央浼⑥二位干这件事，不想而今完备了。"又一个道："小人直爬入墙里去，四下草堆上点了十来个火把，待走那里去！"那一个道："这早晚烧个八分过了。"又听一个道："便逃得性命时，烧了大军草料场，也得个死罪。"又一个道："我们回城里去罢。"一个道："再看一看，拾得他一两块骨头回京，府里见太尉和衙内时，也道我们也能会干事。"

林冲听那三个人时，一个是差拨，一个是陆虞候，一个是富安。林冲道："天可怜见林冲，若不是倒了草厅，我准定被这厮们烧死了。"轻轻把石头掇开，挺着花枪，一手拽开庙门，大喝一声："泼贼那里去！"三个人急要走时，惊得呆了，正走不动。林冲举手胛察的一枪，先戳倒差拨。

陆虞候叫声："饶命!"吓得慌了手脚,走不动。那富安走不到十来步,被林冲赶上,后心只一枪,又戳倒了。翻身回来,陆虞候却才行得三四步。林冲喝声道："奸贼!你待那里去!"批胸只一提,丢翻在雪地上。把枪搠在地里,用脚踏住胸脯,身边取出那口刀来,便去陆谦脸上阁着,喝道:"泼贼!我自来又和你无甚么冤仇,你如何这等害我!正是杀人可恕,情理难容。"陆虞候告道:"不干小人事,太尉差遣,不敢不来。"林冲骂道:"奸贼,我与你自幼相交,今日倒来害我,怎不干你事!且吃我一刀。"把陆谦上身衣服扯开,把尖刀向心窝里只一剜,七窍迸出血来,将心肝提在手里。回头看时,差拨正爬将起来要走。林冲按住喝道:"你这厮原来也恁的歹!且吃我一刀。"又早把头割下来,挑在枪上。回来把富安、陆谦头都割下来,把尖刀插了,将三个人头发结做一处,提入庙里来,都摆在山神面前供桌上。再穿了白布衫,系了搭膊,把毡笠子带上,将葫芦里冷酒都吃尽了。被与葫芦都丢了不要,提了枪,便出庙门投东去。走不到三五里,早见近村人家都拿着水桶、钩子来救火。林冲道:"你们快去救应,我去报官了来。"提着枪只顾走。那雪越下得猛,但见:

凛凛严凝雾气昏,空中祥瑞降纷纷。须臾四野难分路,顷刻千山不见痕。银世界,玉乾坤,望中隐隐接昆仑。若还下到三更后,仿佛填平玉帝门。

注 释

①迤逦:形容行进速度很慢,很曲折。

②恨雪:大雪。

③团团:四面。

④上盖:上身的外套。

⑤端的:早期白话文用语,意为确实、真的。

⑥央浼(měi):请托。

品读与赏析

选文共写了三件事：一是荒庙借宿，二是真相大白，三是奋起杀敌。作者借陆谦等人之口，将陷害林冲的阴谋诡计和盘托出，林冲和读者心中的疑团顿时解开，明白了火烧草料场的真正原因，而此时林冲已忍无可忍，也无路可走，"便逃得性命时，烧了大军草料场，也得个死罪"，只有拼个你死我活，才可能绝处逢生。于是他手起刀落，奋勇杀敌。选文既表现了这个受尽奸贼迫害的英雄挥刀杀人举动的理直气壮、正义凛然，也充分揭露了高衙内、陆谦等人的卑鄙狠毒和罪不容恕。经过这场血的洗礼，林冲彻底摆脱了温良恭俭让的君子之风，走上反抗的道路。"风雪山神庙"使林冲的思想性格发生了质的转变，深刻地揭示了"官逼民反，民不得不反"的道理。

本文细节描写也十分出色。如林冲第一次走出草料场的一系列动作描写，以及草厅被雪压倒后的一系列动作、心理描写，都说明林冲的精细谨慎、忠于职守，表现了他安分守己的性格，同时也使读者明确意识到草料场起火不是林冲不慎造成的。

智取生辰纲

似此行了十四五日，那十四个人，没一个不怨怅杨志。当日客店里，辰牌时分，慢慢的打火，吃了早饭行。正是六月初四日时节，天气未及晌午，一轮红日当天，没半点云彩，其日十分大热。古人有八句诗道：

祝融南来鞭火龙，火旗焰焰烧天红。

日轮当午凝不去，万国如在红炉中。

五岳翠干云彩灭，阳侯海底愁波竭。

何当一夕金风起，为我扫除天下热。

当日行的路，都是山僻崎岖小径，南山北岭。却监着那十一个军汉，约行了二十余里路程。那军人们思量要去柳阴树下歇凉，被杨志拿着藤条打将来，喝道："快走！教你早歇。"众军人看那天时，四下里无半点云彩，其时那热不可当。但见：

热气蒸人，嚣尘扑面。万里乾坤如甑①，一轮火伞当天。四野无云，风突突波翻海沸；千山灼焰，必剥剥石烈灰飞。空中鸟雀命将休，倒撷入树林深处；水底鱼龙鳞角脱，直钻入泥土窨里。直教石虎喘无休，便是铁人须汗落。

当时杨志催促一行人在山中僻路里行。看看日色当午，那石头上热了，脚疼走不得。众军汉道："这般天气热，兀的不晒杀人。"杨志喝着军汉道："快走！赶过前面冈子去，却再理会。"正行之间，前面迎着那土冈子。众人看这冈子时，但见：

顶上万株绿树，根头一派黄沙。嵯峨②浑似老龙形，险峻但闻风雨响。山边茅草，乱丝丝攒遍地刀枪；满地石头，磢③可可睡两行虎豹。休道西川蜀道险，须知此是太行山。

当时一行十五人奔上冈子来，歇下担仗，那十四人都去松阴树下睡倒了。杨志说道："苦也！这里是甚么去处，你们却在这里歇凉！起来，快走！"众军汉道："你便剁作我七八段，其实去不得了。"杨志拿起藤条，劈头劈脑打去。打得这个起来，那个睡倒，杨志无可奈何。

只见两个虞候和老都管气喘急急，也巴到冈子上松树下坐了喘气。看这杨志打那军健，老都管见了，说道："提辖，端的热了走不得，休见他罪过。"杨志道："都管，你不知，这里正是强人出没的去处，地名叫作黄泥冈。闲常太平时节，白日里兀自出来劫人，休道是这般光景，谁敢在这里停脚！"两个虞候听杨志说了，便道："我见你说好几遍了，只管把这话来惊吓人。"老都管道："权且教他们众人歇一歇，略过日中行如何？"杨志道："你也没分晓了，如何使得！这里下冈子去，兀自有七八里没人家。甚么去处，敢在此歇凉！"老都管道："我自坐一坐了走，你自去赶他众人先走。"

杨志拿着藤条喝道："一个不走的，吃俺二十棍。"众军汉一齐叫将起来。数内一个分说道："提辖，我们挑着百十斤担子，须不比你空手走的。你端的不把人当人！便是留守相公自来监押时，也容我们说一句。你好不疼痒，只顾逞办！"杨志骂道："这畜生不呕死俺！只是打便了。"拿起藤条，劈脸便打去。老都管喝道："杨提辖且住，你听我说。我在东京太师府里做奶公④时，门下官军见了无千无万，都向着我喏喏连声。不是我口浅⑤，量你是个遭死的军人，相公可怜，抬举你做个提辖，比得草芥子大小的官职，直得恁的逞能。休说我是相公家都管，便是村庄一个老的，也合依我劝一劝，只顾把他们打，是何看待！"杨志道："都管，你须是城市里人，生长在相府里，那里知道途路上千难万难。"老都管道："四川、两广也曾去来，不曾见你这般卖弄。"杨志道："如今须不比太平时节。"都管道："你说这话该剜口割舌，今日天下怎的不太平？"

杨志却待再要回言，只见对面松林里影着一个人在那里舒头探脑价望。杨志道："俺说甚么，兀的不是歹人来了！"撇下藤条，拿了朴刀，赶入松林里来，喝一声道："你这厮好大胆，怎敢看俺的行货⑥！"

只见松林里一字儿摆着七辆江州车儿⑦，七个人脱得赤条条的在那里乘凉。一个鬓边老大一搭朱砂记，拿着一条朴刀，望杨志跟前来。七个人齐叫一声："呵也！"都跳起来。杨志喝道："你等是甚么人？"那七人道："你是甚么人？"杨志又问道："你等莫不是歹人？"那七人道："你颠倒问，我等是小本经纪，那里有钱与你。"杨志道："你等小本经纪人，偏俺有大本钱。"那七人问道："你端的是甚么人？"杨志道："你等且说那里来的人？"那七人道："我等弟兄七人，是濠州人，贩枣子上东京去，路途打从这里经过。听得多人说，这里黄泥冈上如常有贼打劫客商。我等一面走，一头自说道：'我七个只有些枣子，别无甚财赋。'只顾过冈子来。上得冈子，当不过这热，权且在这林子里歇一歇，待晚凉了行。只听得有人上冈子来，我们只怕是歹人，因此使这个兄弟出来看一看。"杨志道："原来如此，也是一般的客人。却才⑧见你们窥望⑨，惟恐是歹人，因此赶来看一看。"那七个人道："客官请几个枣子了去。"杨志道："不必。"提了朴刀，再回担边来。老都管道："既是有贼，我们去休。"杨志说道："俺只道是歹人，原来是几个贩枣子的客人。"老都管道："似你方才说时，他们都是没命的。"杨志道："不必相闹，俺只要没事便好。你们且歇了，等凉些走。"众军汉都笑了。杨志也把朴刀插在地上，自去一边树下坐了歇凉。

没半碗饭时，只见远远的一个汉子，挑着一副担桶，唱上冈子来。唱道：

"赤日炎炎似火烧，野田禾稻半枯焦。农夫心内如汤煮，楼上王孙把扇摇。"

那汉子口里唱着，走上冈子来，松林里头歇下担桶，坐地乘凉。众军看见了，便问那汉子道："你桶里是甚么东西？"那汉子应道："是白酒。"众军道："挑往那里去？"那汉子道："挑去村里卖。"众军道："多少钱一桶？"那汉子道："五贯足钱。"众军商量道："我们又热又渴，何不买些吃？也解暑气。"正在那里凑钱，杨志见了，喝道："你们又做甚么？"众军道："买碗酒吃。"杨志调过朴刀杆便打，骂道："你们不得洒家言语，胡乱便要买酒吃，好大胆！"众军道："没事又来鸟乱。我们自凑钱买酒吃，干你甚事，也来打人。"杨志道："你这村鸟理会得甚么！到来只顾吃嘴，全不晓得路途上的勾当艰难。多少好汉，被蒙汗药麻翻了。"那挑酒的汉子看着杨志冷笑道："你这客官好不晓事，早是⑩我不卖与你吃，却说出这般没气力⑪的话来。"

正在松树边闹动争说，只见对面松林里那伙贩枣子的客人都提着朴刀走出来问道："你们做甚么闹？"那挑酒的汉子道："我自挑这酒过冈子村里卖，热了在此歇凉。他众人要问我买些吃，我又不曾卖与他。这个客官道我酒里有甚么蒙汗药。你道好笑么？说出这般话来！"那七个客人说道："我只道有歹人出来，原来是如此。说一声也不打紧，我们倒着买一碗吃。既是他们疑心，且卖一桶与我们吃。"那挑酒的道："不卖，不卖！"这七个客人道:"你这鸟汉子也不晓事,我们须不曾说你。你左右将到村里去卖,一般还你钱。便卖些与我们,打甚么不紧。看你不道得^⑫舍施了茶汤,便又救了我们热渴。"那挑酒的汉子便道:"卖一桶与你不争^⑬,只是被他们说得不好。又没碗瓢舀吃。"那七人道:"你这汉子忒认真,便说了一声打甚么不紧。我们自有椰瓢在这里。"只见两个客人去车子前取出两个椰瓢来,一个捧出一大捧枣子来。七个人立在桶边,开了桶盖,轮替换着舀那酒吃,把枣子过口^⑭。无一时,一桶酒都吃尽了。七个客人道:"正不曾问得你多少价钱?"那汉道:"我一了^⑮不说价,五贯足钱一桶,十贯一担。"七个客人道:"五贯便依你五贯,只饶我们一瓢吃。"那汉道:"饶不得,做定的价钱。"一个客人把钱还他,一个客人便去揭开桶盖,兜了一瓢,拿上便吃。那汉去夺时,这客人手拿半瓢酒,望林里便走,那汉赶将去。只见这边一个客人从松林里走将出来,手里拿一个瓢,便来桶里舀了一瓢酒。那汉看见,抢来劈手夺住,望桶里一倾,便盖了桶盖,将瓢望地下一丢,口里说道:"你这客人好不君子相!戴头识脸^⑯的,也这般啰唣。"

那对过众军汉见了,心内痒起来,都待要吃。数中一个看着老都管道:"老爷爷,与我们说一声。那卖枣子的客人买他一桶吃了,我们胡乱也买他这桶吃,润一润喉也好。其实热渴了,没奈何,这里冈子上又没讨水吃处。老爷方便!"老都管见众军所说,自心里也要吃得些,竟来对杨志说:"那贩枣子客人已买了他一桶酒吃,只有这一桶,胡乱教他们买了避暑气。冈子上端的没处讨水吃。"杨志寻思道:"俺在远远处望,这厮们都买他的酒吃了,那桶里当面也见吃了半瓢,想是好的。打了他们半日,胡乱容他买碗吃罢。"杨志道:"既然老都管说了,教这厮们买吃了便起身。"

众军健听了这话,凑了五贯足钱来买酒吃。那卖酒的汉子道:"不卖了,不卖了!"便道:"这酒里有蒙汗药在里头。"众军陪着笑说道:"大哥,直得便还言语。"那汉道:"不卖了,休缠!"这贩枣子的客人劝道:"你这个鸟汉子,他也说得差了,你也忒认真,连累我们也吃你说了几声。

须不关他众人之事，胡乱卖与他众人吃些。"那汉道："没事讨别人疑心做甚么。"这贩枣子客人把那卖酒的汉子推开一边，只顾将这桶酒提与众军去吃。那军汉开了桶盖，无甚舀吃，陪个小心，问客人借这椰瓢用一用。众客人道："就送这几个枣子与你们过酒。"众军谢道："甚么道理。"客人道："休要相谢，都是一般客人，何争在这百十个枣子上。"众军谢了，先兜两瓢，叫老都管吃一瓢，杨提辖吃一瓢。杨志那里肯吃。老都管自先吃了一瓢，两个虞候各吃一瓢。众军汉一发上，那桶酒登时吃尽。杨志见众人吃了无事，自本不吃，一者天气甚热，二乃口渴难熬，拿起来，只吃了一半，枣子分几个吃了。那卖酒的汉子说道："这桶酒吃那客人饶两瓢吃了，少了你些酒，我今饶了你众人半贯钱罢。"众军汉把钱还他。那汉子收了钱，挑了空桶，依然唱着山歌，自下冈子去了。

只见那七个贩枣子的客人立在松树旁边，指着这一十五人说道："倒也，倒也！"只见这十五个人，头重脚轻，一个个面面厮觑，都软倒了。那七个客人从松树林里推出这七辆江州车儿，把车子上枣子都丢在地上，将这十一担金珠宝贝却装在车子内，叫声："聒噪⑰！"一直望黄泥冈下推了去。杨志口里只是叫苦，软了身体，扎挣不起。十五人眼睁睁地看着那七个人都把这金宝装了去，只是起不来，挣不动，说不得。

我且问你：这七人端的是谁？不是别人，原来正是晁盖、吴用、公孙胜、刘唐、三阮这七个。却才那个挑酒的汉子，便是白日鼠白胜。却怎的用药？原来挑上冈子时，两桶都是好酒。七个人先吃了一桶，刘唐揭起桶盖，又兜了半瓢吃，故意要他们看着，只是教人死心塌地。次后，吴用去松林里取出药来，抖在瓢里，只做赶来饶他酒吃，把瓢去兜时，药已搅在酒里，假意兜半瓢吃，那白胜劈手夺来，倾在桶里。这个便是计策。那计较都是吴用主张，这个唤作"智取生辰纲"。

注释

①甑（zèng）：瓦罐。

②嵯峨（cuó é）：山势高峻。

③磣（chěn）：丑陋。

④奶公：对奶妈丈夫的称呼。

⑤口浅：说话轻薄。

⑥行货：货物。

⑦江州车儿：手推的独轮小车。

⑧却才：刚才。

⑨窥（kuī）望：暗中张望。

⑩早是：幸好。

⑪没气力：没意思。

⑫不道得：岂不是。

⑬不争：没关系。

⑭过口：下酒。

⑮一了：向来。

⑯戴头识脸：有面子，有身份。

⑰聒噪（guō zào）：打扰，麻烦。

品读与赏析

选文写的是杨志押送生辰纲去往东京，在途经黄泥冈时被晁盖、吴用等用计夺取的经过。在选文中，杨志和晁盖等人的斗智斗勇始终在紧张地进行，但并不是明刀明枪，自始至终也没有激烈的矛盾冲突，而他们之间的争斗也为表面上的"兵士买酒"和"杨志阻止喝酒"的争斗所遮盖。杨志处在不听话的想喝酒的军汉们和一心想引诱他们喝酒的晁盖等人中间，虽然小心谨慎，却也是疲于应付。杨志虽精明，但是他急功近利、粗暴蛮横、刚愎自用的性格，使得他对手下的兵士"轻则痛骂，重则藤条鞭打"，激化了运送队伍的内部矛盾。更重要的是，晁盖等人技高一筹，完全考虑到了杨志的各种心理及做法，最终不费一刀一枪，智取了生辰纲。故事集中反映了以蔡京、梁中书为代表的封建统治者与广大农民的矛盾，热情歌颂了起义农民的大智大勇与组织才能，也揭开了起义农民大规模联合反抗的序幕。

武松打虎

武松在路上行了几日，来到阳谷县地面。此去离县治还远。当日晌午时分，走得肚中饥渴，望见前面有一个酒店，挑着一面招旗①在门前，上头写着五个字道："三碗不过冈。"

武松入到里面坐下，把梢棒倚了，叫道："主人家，快把酒来吃。"只见店主人把三只碗、一双箸、一碟热菜，放在武松面前，满满筛②一碗酒来。武松拿起碗，一饮而尽，叫道："这酒好生有气力！主人家，有饱肚的买些吃酒。"酒家道："只有熟牛肉。"武松道："好的切二三斤来吃酒。"店家去里面切出二斤熟牛肉，做一大盘子将来，放在武松面前，随即再筛一碗酒。武松吃了道："好酒！"又筛下一碗，恰好吃了三碗酒，再也不来筛。武松敲着桌子叫道："主人家，怎的不来筛酒？"酒家道："客官要肉便添来。"武松道："我也要酒，也再切些肉来。"酒家道："肉便切来，添与客官吃，酒却不添了。"武松道："却又作怪。"便问主人家道："你如何不肯卖酒与我吃？"酒家道："客官，你须见我门前招旗，上面明明写道：'三碗不过冈。'"武松道："怎的唤作三碗不过冈？"

酒家道："俺家的酒，虽是村酒，却比老酒的滋味。但凡客人来我店中吃了三碗的，便醉了，过不得前面的山冈去。因此唤作'三碗不过冈'。若是过往客人到此，只吃三碗，更不再问。"武松笑道："原来恁的。我却吃了三碗，如何不醉？"酒家道："我这酒叫作'透瓶香'，又唤作'出门倒'。初入口时，醇酽③好吃，少刻时便倒。"武松道："休要胡说。没地不还你钱，再筛三碗来我吃。"酒家见武松全然不动，又筛三碗。武松吃道："端的好酒！主人家，我吃一碗，还你一碗钱，只顾筛来。"酒家道："客官休只管要饮，这酒端的要醉倒人，没药医。"武松道："休得胡鸟说！便是你使蒙汗药在里面，我也有鼻子。"店家被他发话不过，一连又筛了三碗。武松道："肉便再把二斤来吃。"酒家又切了二斤熟牛肉，再筛了三碗酒。武松吃得口滑④，只顾要吃，去身边取出些碎银子，叫道："主人家，你且来看我银子，还你酒肉钱勾么？"酒家看了道："有馀，还有些贴钱⑤与你。"武松道："不要你贴钱，只将酒来筛。"酒家道："客官，你要吃酒时，还有五六碗酒哩，只怕你吃不得了。"武松道："就有五六碗多时，你尽数筛将来。"酒家道："你这条长汉，倘或醉倒了时，怎扶得你住？"武松答道："要你扶的不算好汉。"酒家那里肯将酒来筛。武松焦躁道："我又不白吃你的，休要引老爹性发，通教你屋里粉碎，把你这鸟店子倒翻转来！"酒家道："这厮醉了，休惹他。"再筛了六碗酒与武松吃了。前后共吃了十五碗，绰了梢棒，立起身来道："我却又不曾醉。"走出门前来，笑道："却不说'三碗不过冈'！"手提梢棒便走。

酒家赶出来叫道："客官那里去？"武松立住了，问道："叫我做甚么？我又不少你酒钱，唤我怎的？"酒家叫道："我是好意。你且回来我家看抄白⑥官司榜文⑦。"武松道："甚么榜文？"酒家道："如今前面景阳冈上，有只吊睛白额大虫⑧，晚了出来伤人，坏了三二十条大汉性命。官司如今杖限⑨打猎捕户，擒捉发落。冈子路口两边人民，都有榜文。可教往来客人，结伙成队，于巳、午、未三个时辰过冈，其馀寅、卯、申、酉、戌、亥六个时辰，不许过冈。更兼单身客人，不许白日过冈，务要等伴结伙而过。这早晚正是未末申初时分，我见你走都不问人，枉送了自家性命。不如就我此间歇了，等明日慢慢凑得三二十人，一齐好过冈子。"武松听了，笑道："我是清河县人氏，这条景阳冈上少也走过了一二十遭，几时见说有大虫！你休说这般鸟话来吓我！便有大虫，我也不怕。"酒家道："我是好意救你。你不信我时，进来看官司榜文。"武松道："你鸟子声！便真个有虎，老爷也不怕。你留我在家里歇，莫不半夜三更要谋我财，害我性命，却把鸟大虫唬吓我？"酒家道："你看么！我是一片好心，反作恶意，倒落得你恁的说。你不信我时，请尊便自行。"正是：

前车倒了千千辆，后车过了亦如然。分明指与平川路，却把忠言当恶言。

那酒店里主人摇着头，自进店里去了。这武松提了梢棒，大着步自过景阳冈来。约行了四五里路，来到冈子下，见一大树，刮去了皮，一片白，上写两行字。武松也颇识几字，抬头看时，上面写道："近因景阳冈大虫伤人，但有过往客商，可于巳、午、未三个时辰，结伙成队过冈。请勿自误。"武松看了，笑道："这是酒家诡诈，惊吓那等客人，便去那厮家里宿歇。我却怕甚么鸟！"横拖着梢棒，便上冈子来。

那时已有申牌时分。这轮红日，厌厌的⑩相傍下山。武松乘着酒兴，只管走上冈子来。走不到半里多路，见一个败落的山神庙。行到庙前，见这庙门上贴着一张印信榜文⑪。武松住了脚读时，上面写道：

阳谷县示：为这景阳冈上新有一只大虫，近来伤害人命，见今杖限各乡里正并猎户人等，打捕未获。如有过往客商人等，可于巳、午、未三个时辰，结伴过冈。其馀时分及单身客人，白日不许过冈，恐被伤害性命不便。各宜知悉。

武松读了印信榜文，方知端的有虎。欲待发步再回酒店里来，寻思道："我回去时，须吃他耻笑，不是好汉，难以转去。"存想了一回，说道："怕甚么鸟！且只顾上去，看怎的！"

武松正走，看看酒涌上来，便把毡笠儿背在脊梁上，将梢棒绾在肋下，一步步上那冈子来。回头看这日色时，渐渐的坠下去了。此时正是十月间天气，日短夜长，容易得晚。武松自言自说道："那得甚么大虫！人自怕了，不敢上山。"武松走了一直，酒力发作，焦热起来，一只手提着梢棒，一只手把胸膛前袒开，踉踉跄跄，直奔过乱树林来。见一块光挞挞⑫大青石，把那梢棒倚在一边，放翻身体，却待要睡，只见发起一阵狂风来。看那风时，但见：

无形无影透人怀，四季能吹万物开。就树撮将黄叶去，入山推出白云来。

原来但凡世上云生从龙，风生从虎。那一阵风过处，只听得乱树背后扑的一声响，跳出一只吊睛白额大虫来。武松见了，叫声："呵呀！"从青石上翻将下来，便拿那条梢棒在手里，闪在青石边。

那个大虫又饥又渴，把两只爪在地下略按一按，和身望上一扑，从半空里撺将下来。武松被那一惊，酒都作冷汗出了。说时迟，那时快，武松见大虫扑来，只一闪，闪在大虫背后。那大虫背后看人最难，便把前爪搭在地下，把腰胯一掀，掀将起来。武松只一躲，躲在一边。大虫见掀他不着，吼一声，却似半天里起个霹雳，震得那山冈也动。把这铁棒也似虎尾倒竖起来，只一剪，武松却又闪在一边。原来那大虫拿人，只是一扑，一掀，一剪，三般提不着时，气性先自没了一半。那大虫又剪不着，再吼了一声，一兜兜将回来。武松见那大虫复翻身回来，双手轮起梢棒，尽平生气力，只一棒，从半空劈将下来。只听得一声响，簌簌的将那树连枝带叶劈脸打将下来。定睛看时，一棒劈不着大虫。原来慌了，正打在枯树上，把那条梢棒折作两截，只拿得一半在手里。

那大虫咆哮，性发起来，翻身又只一扑，扑将来。武松又只一跳，却退了十步远。那大虫却好把两只前爪搭在武松面前。武松将半截棒丢在一边，两只手就势把大虫顶花皮胳胳的[13]揪住，一按按将下来。那只大虫急要挣扎，早没了气力。被武松尽气力纳定[14]，那里肯放半点松宽。武松把只脚望大虫面门上、眼睛里只顾乱踢。那大虫咆哮起来，把身底下扒起两堆黄泥，做了一个土坑。武松把那大虫嘴直按下黄泥坑里去。那大虫吃武松奈何得没了些气力。武松把左手紧紧地揪住顶花皮，偷出右手来，提起铁锤般大小拳头，尽平生之力，只顾打。打得五七十拳，那大虫眼里、口里、鼻子里、耳朵里都迸出鲜血来。那武松尽平昔神威，仗胸中武艺，半歇把大虫打作一堆，却似躺着一个锦布袋。有一篇古风，单道景阳冈武松打虎。但见：

景阳冈头风正狂，万里阴云霾[15]日光。焰焰满川枫叶赤，纷纷遍地草芽黄。触目晚霞挂林薮⑯，侵人冷雾满穹苍。忽闻一声霹雳响，山腰飞出兽中王。昂头踊跃逞牙爪，谷口麋鹿皆奔忙。山中狐兔潜踪迹，洞内獐猿惊且慌。卞庄见后魂魄丧，存孝遇时心胆强。清河壮士酒未醒，忽在冈头偶相迎。上下寻人虎饥渴，撞着狰狞来扑人。虎来扑人似山倒，人去迎虎如岩倾。臂腕落时坠飞炮，爪牙爬处成泥坑。拳头脚尖如雨点，淋漓两手鲜血染。秽污腥风满松林，散乱毛须坠山奄。近看千钧势未休，远观八面威风敛。身横野草锦斑销，紧闭双睛光不闪。

当下景阳冈上那只猛虎，被武松没顿饭之间，一顿拳脚，打得那大虫动弹不得，使得口里兀自气喘。武松放了手，来松树边寻那打折的棒橛，拿在手里，只怕大虫不死，把棒橛又打了一回。那大虫气都没了。武松再寻思道："我就地拖得这死大虫下冈子去。"就血泊里双手来提时，那里提得动？原来使尽了气力，手脚都疏软了，动弹不得。武松再来青石坐了半歇，寻思道："天色看看黑了，倘或又跳出一只大虫来时，我却怎的斗得他过？且挣扎下冈子去，明早却来理会。"就石头边寻了毡笠儿，转过乱树林边，一步步捱下冈子来。

（注）（释）

①招旗：酒幌。

②筛：倒，斟。

③醇酞（chún nóng）：酒味浓厚甘美。

④口滑：指吃东西自禁不住。

⑤贴钱：找回的零钱。

⑥抄白：抄本。

⑦官司榜文：官府告示。

⑧大虫：老虎。

⑨杖限：严限日期，逾期则处以杖刑。

⑩厌厌的：慢慢地。

⑪印信榜文：盖有官府大印的告示。

⑫光挞（tà）挞：光秃秃的样子。

⑬朊膙：一把。

⑭纳定：按住。

⑮霾（mái）：遮挡。

⑯林薮（sǒu）：山林水泽，草木丛生的地方。

品读与赏析📖- -

　　武松因思念自己的哥哥，要回清河县探亲，在途经景阳冈时，武松因口渴走进一家"三碗不过冈"的酒店中喝了十八碗酒，趁着酒性上了景阳冈，发生了"武松打虎"这经典的一幕。作者将老虎拿人的本事，以及在经过搏斗后，老虎如何威风渐减，然后被武松按住，如何挣扎，如何被武松打死，写得活灵活现，充分展现出好汉武松豪气万丈、勇猛过人、武艺超群的英雄形象。

第1课：中考名著常考
考点归纳与解析1-1

考题点击

❶（2017年浙江温州卷）

"兄弟"是《水浒传》中令人动情的两个字。根据下列内容分别选择正确的一项。

【甲】 扯出戒刀，把索子都割断了，便扶起林冲，叫："兄弟，俺自从和你买刀那日相别之后，洒家忧得你苦。……"

【乙】 对四家邻舍道："小人因与哥哥报仇雪恨，犯罪正当其理，虽死而不怨。却才甚是惊吓了高邻。……"

【丙】 见说，亦垂泪道："罢，罢，罢！生时伏侍哥哥，死了也只是哥哥部下一个小鬼！"言讫泪下，便觉道身体有些沉重。当时洒泪，拜别了宋江下船。

　　A. 武松　　　　　B. 李逵　　　　　C. 鲁智深

❷（2017年浙江丽水卷）

人物的身份有时能从着装体现出来。请结合你对以下人物的了解，在横线处填上正确的选项。

宋江全伙受招安时，众人皆戎装披挂，只有四人特殊：吴用纶巾羽扇，公孙胜 ___①___ ，鲁达 ___②___ ，武松皂布直裰。

　　A. 破巾旧衫　　　B. 鹤氅道袍　　　C. 黑绿罗袄　　　D. 烈火僧衣

❸（2017年江苏盐城卷）

阅读《水浒传》选段，结合相关情节填空。

众泼皮道："这几日见师父演力，不曾见师父家生器械，怎得师父教我们看一看也好。"A道："说的是。"自去房内取出浑铁禅杖，头尾长五尺，重六十二斤。众人看了，尽皆吃惊，都道："两臂膊没水牛大小气力，怎使得动！" A接过来，飕飕的使动，浑身上下，没半点参差。众人看了，一齐喝采。

A正使得活泛，只见墙外一个官人看见，喝采道："端的使得好！"

选段中A是_____（人名），其绰号是"_____"。数日前A因为_____（情节名称）令众泼皮一起拜倒在地。选段中"墙外一个官人"是_____（人名）。

❹（2018年甘肃天水卷）

阅读名著片段，回答问题。

"万卷经书曾读过，平生机巧心灵，六韬三略究来精。胸中藏战将，腹内隐雄兵。谋略敢欺诸葛亮，陈平岂敌才能，略施小计鬼神惊……"

——《水浒传》

这首《临江仙》赞美的是梁山好汉_____，他的足智多谋不仅体现在智取生辰纲，还体现在_____、智取文安县等。

❺（2018年江苏宿迁卷）

阅读《水浒传》中的两段文字，完成题目。

【甲】__A__连忙叫道："师兄，不可下手！我有话说。"智深听得，收住禅杖，两个公人呆了半晌，动弹不得。__A__道："非干他两个事，尽是高太尉使陆虞候分付他两个公人，要害我性命。他两个怎么不依他。你若打杀他两个，也是冤屈。"

【乙】__A__骂道："奸贼，我与你自幼相交，今日倒来害我，怎不干你事！且吃我一刀。"……将三个人头发结做一处，提入庙里来，都摆在山神面前供桌上。

（选自《水浒传》，人民文学出版社1997年版）

（1）选文中A是_____。（填人名）

（2）甲文中的"两个公人"和乙文中的"三个人"都是受人指使要来谋害

A性命的人，请分析A对这两拨人的不同态度及原因。

_____

_____

6（**2018年江苏扬州卷**）

阅读《水浒传》选段，回答问题。

鲁智深道："'杀人须见血，救人须救彻。'洒家放你不下，直送兄弟到沧州。"两个公人听了，暗暗地道："苦也！却是坏了我们的勾当，转去时怎回话！且只得随顺他一处行路。"

从鲁智深的话可以看出其什么品质？"兄弟"指谁？"兄弟"到了沧州，未能立足，最终上了梁山，其原因是什么？

品质：_____　　　兄弟：_____

原因：_____

7（**2018年浙江金华、丽水卷**）

阅读《水浒传》部分目录，完成（1）（2）小题。

目　录

第三回　史大郎夜走华阴县　鲁提辖拳打镇关西

第四回　赵员外重修文殊院　鲁智深大闹_____

第五回　小霸王醉入销金帐　花和尚大闹_____

第六回　九纹龙剪径赤松林　鲁智深火烧_____

第七回　花和尚倒拔垂杨柳　豹子头误入白虎堂

第八回　林教头刺配沧州道　鲁智深大闹_____

（1）目录中画横线处依次填入的地名，正确的一项是（　　　）

A. 五台山　桃花村　瓦罐寺　野猪林

B. 瓦罐寺　五台山　桃花村　野猪林

C. 桃花村　五台山　野猪林　瓦罐寺

D. 五台山　野猪林　桃花村　瓦罐寺

（2）清代文学评论家金圣叹说："《水浒传》写一百八个人性格，真有一百八样。"请结合第三回至第八回的内容，简要评述鲁达与其他梁山好汉的不同之处。

_____

_____

8（2018年江苏苏州卷）

下面的小诗，涉及《水浒传》中哪三个情节？请分别概述。

闲来乘兴入江楼，渺渺烟波接素秋。

呼酒谩浇千古恨，吟诗欲泻百重愁。

赝书不遂英雄志，失脚翻成狴犴囚。

搅动梁山诸义士，一齐云拥闹江州。

_____

_____

9（2017年湖北随州卷）

阅读《水浒传》选段，完成（1）（2）题。

A当下和史进吃得饱了，各拿了器械，同回瓦罐寺来。到寺前，看到崔道成、邱小乙两个，兀自在桥上坐地。A大喝一声道："你这厮们，来，来！今番和你斗个你死我活。"那和尚笑道："你是我手里的败将，如何再来敢厮并？"A大怒，抢起铁禅杖，奔过桥来。那生铁佛生嗔，仗着朴刀，杀下桥去。A一者得了史进，肚里胆壮，二乃吃得饱了，那精神气力越使得出来，两个斗到八九合，崔道成渐渐力怯，只办得走路。

（1）人物A是指_____。

（2）写出两个与A有关的故事情节。

_____

⑩（2017年吉林卷）

阅读语段，回答问题。

说时迟，那时快，薛霸的棍恰举起来，只见松树背后雷鸣也似一声，那条铁禅杖飞将来，把这水火棍一隔，丢去九霄云外，跳出一个胖大和尚来，喝道："洒家在林子里听你多时！"两个公人看那和尚时，穿一领皂布直裰，跨一口戒刀，提起禅杖，轮起来打两个公人。林冲方才闪开眼看时，认得是鲁智深。

（1）选文出自中国古典名著《＿＿＿＿＿＿》。

（2）选文中鲁智深打两个公人的原因是什么？

_____

（3）原著中还有哪个人物给你留下深刻的印象？请结合具体情节谈谈。

_____

_____

⑪（2017年江苏镇江卷）

阅读《水浒传》选段，回答问题。

王伦便起身把盏说道："感蒙众豪杰到此聚义，只恨敝山小寨是一洼之水，如何安得许多真龙。聊备些小薄礼，万望笑留。烦投大寨歇马，小可使人亲到麾下纳降。"

（1）王伦说这番话的用意是什么？

_____

（2）这番话给王伦带来什么后果？

_____

⑫（2018年江苏无锡卷）

阅读下面的文字，回答问题。

薛霸双手举起棍来，望林冲脑袋上便劈下来。说时迟，那时快，薛霸的棍恰举起来，只见松树背后雷鸣也似一声，那条铁禅杖飞将来，把这水火棍一隔，丢去九霄云外，跳出一个胖大和尚来，喝道："洒家在林子里听你多时！"两个公人看那和尚时，穿一领皂布直裰，跨一口戒刀，提起禅杖，轮起来打两个公人。林冲方才闪开眼看时，认得是鲁智深。林冲连忙叫道："师兄，不可下手！我有话说。"智深听得，收住禅杖。<u>两个公差呆了半晌，动弹不得。</u>

（1）简要说说选段中画线句的表达效果。

_____

（2）鲁智深在大闹野猪林之前做的哪几件事，体现他惩恶扬善、锄强扶弱的特点？

_____

⑬（2018年天津卷）

"鲁提辖拳打镇关西"是《水浒传》中一段非常精彩的故事。请结合相关情节，回答下面问题。

（1）概括鲁提辖拳打镇关西的原因。

_____

（2）梁山众好汉中，鲁智深是一个粗中有细的人。在这个故事中，他的哪些做法体现了这个特点？

_____

_____

⑭（2018年重庆B卷）

名著阅读。

（1）下面这段文字出自《水浒传》中的哪一个情节？

李逵虽是个杀人不眨眼的魔君，听的说了这话，自肚里寻思道："我特地归家来取娘，却倒杀了一个养娘的人，天地也不佑我。罢罢，我饶了你这厮性命！"放将起来。

_____

（2）《水浒传》中，"李逵打死殷天锡"这一情节表现了李逵怎样的性格？

_____

⑮（2017年江苏无锡卷）

阅读下面的文字，回答问题。

当下宋江看视A，虽然不死，已成废人。A对宋江说道："小弟今已残疾，不愿赴京朝觐，尽将身边金银赏赐，都纳此六和寺中陪堂公用，已做清闲道人，十分好了。哥哥造册，休写小弟进京。"宋江见说："任从你心。"A自此只在六和寺中出家……

选文中A是《水浒传》中哪位人物？选文表现了该人物哪些思想性格？

_____

_____

⑯（2018年广东卷）

附加题。

宋江听罢，吃了一惊，肚里寻思道："晁盖是我心腹弟兄。他如今犯了迷天大罪，我不救他时，捕获将去，性命便休了！"心内自慌，却答应道："晁盖这厮，奸顽役户，本县内上下人，没一个不怪他。今番做出来了，好教他受！"何涛道："相烦押司便行此事。"宋江道："不妨，这事容易，'瓮中捉鳖，手到拿来'。只是一件，这实封公文，须是观察自己当厅投下，本官看了，便好施行发落，差人去捉，小吏如何敢私下擅开？这件公事，非是小可，不当轻泄于人。"何涛道："押司高见极明，相烦引进。"宋江道："本官发放一早晨事务，倦怠了少歇。观察略待一时，少刻坐厅时，小吏来请。"何涛道："望押司千万做成。"宋江道："理之当然，休这等说话。小吏略到寒舍，分拨了些家务便到，观察少坐一坐。"何涛道："押司尊便，小弟只在此专等。"

宋江起身，出得阁儿，分付茶博士道："那官人要再用茶，一发我还茶钱。"离了茶坊，飞也似跑到下处。先分付伴当去叫直司在茶坊门前伺候："若知县坐衙时，便可去茶坊里安抚那公人道：'押司便来。'叫他略待一待。"却自槽上鞁了马，牵出后门外去，拿了鞭子，慌忙的跳上马，慢慢的离了县治。出得东门，打上两鞭，那马拨喇喇的望东溪村撺将去，没半个时辰，早到晁盖庄上。

（1）结合原著，选文中晁盖犯的"迷天大罪"是指_____。

（2）宋江为救晁盖，具体是怎样做的？请结合选文加以分析。

_____

_____

（3）《水浒传》一百零八将聚义梁山的原因有多种，请结合原著，写出其中的四种及对应的一个人物。

_____

_____

⑰（2018年四川眉山卷）

阅读《水浒传》精彩片段，回答（1）（2）题。

次日，两个承局催得林冲穿了衣裳，拿了那口刀，往太尉府中去。进到厅前，林冲立住了脚。两个道："太尉在里面后堂内坐地。"林冲只得随二人转入屏风至后堂。林冲又住了脚。两个又道："太尉直在里面等你。叫引教头进来。"林冲只得又随二人过了两三重门，到一个去处，一周遭都是绿栏杆。两个又引林冲到堂前，说道："教头，你只在此少待，等我入去禀太尉。"

林冲拿着刀，立在檐前。两个人自入去了。一盏茶时，不见出来，林冲心疑。探头入帘看时，只见四个青字"白虎节堂"。林冲猛省道："这节堂是商议军机大事处，如何敢无故辄入？"急待回身，只听得靴履响、脚步鸣，一个人从外面入来。林冲看时，不是别人，却是本管高太尉。林冲见了，执刀向前声喏。太尉喝道："林冲，你又无呼唤，安敢辄入白虎节堂！你知法度否？你手里拿着刀，莫非来刺杀下官？"林冲躬身禀道："恩相，恰才蒙两个承局呼唤林冲，将刀来比看。"太尉喝道："承局在那里？"林冲道："恩相，他两个已投堂里去了。"太尉道："胡说！什么承局敢进我府堂里去。左右，与我拿下这厮。"说犹未了，傍边耳房里走出二十馀人，把林冲横推倒拽。高太尉大怒道："你既是禁军教头，法度也还不知道。因何手执利刃，故入节堂，欲杀本官。"叫左右把林冲推下。（有删改）

（1）请用一句话概括选文内容。

_____

（2）结合选文，简要分析林冲的性格特点。

_____

_____

第2课：中考名著常考
考点归纳与解析1-2

模拟训练

❶《水浒传》是中国第一部歌颂农民起义的长篇章回体小说，作者是元末明初的小说家_____。该小说鲜明地表现了"_____"的主题。

❷《水浒传》中有些人物的性格是发展变化的。例如，林冲的性格起初主要表现为_____，而在《林教头风雪山神庙　陆虞候火烧草料场》一回中，他爆发出了_____精神。

❸董超、薛霸押解林冲到_____（填地点名）时，准备将其杀害。鲁智深及时出现，出手相救。

❹下面四个故事按原著顺序，排列正确的一项是（　　）

故事：①武松大闹飞云浦　　②鲁智深大闹五台山

③花荣大闹清风寨　　④九纹龙大闹史家村

A. ①②③④　　B. ②③④①　　C. ③④①②　　D. ④②①③

❺阅读下面这首《水浒传》中的人物赞诗，可知写的是（　　）

天机星宿显灵神，翩翩羽扇若王孙。黄泥冈上成义士，蓼儿洼下表忠魂。经天纬地八卦阵，博古通今五行门。一生主意凭谁断，空留孤名满昆仑。

A. 吴用　　　B. 安道全　　　C. 宋江　　　D. 卢俊义

❻阅读《水浒传》选段，结合相关情节回答问题。

A披挂，拴束了弓箭，绰枪上马，带了三五十名军汉，都拖枪拽棒，直奔到刘高寨里来。把门军人见了，那里敢拦当；见A头势不好，尽皆吃惊，都四散走了。A抢到厅前，下了马，手中拿着枪，那三五十人都两摆在厅前……A见刘高不出来，立了一回，喝叫左右去两边耳房里搜人。

选段中A是_____（人名），其绰号是"_____"，选段中A搜人是为了_____。

❼下列图片描绘的都是《水浒传》中的故事，请你依照图片内容为它们拟标题。要求：按照"人物+事件"的格式，如"鲁智深倒拔垂杨柳"。

_____　_____　_____

❽《水浒传》中的英雄性格各不相同，但在"义"这一点上却是共同的。请列举两个体现"义"的故事情节。

_____

❾请写出《水浒传》中一个"酒壮英雄胆"的故事情节。

_____

_____

❿阅读下面的片段，回答问题。

林冲回到房中，端的是心内好闷，仰天长叹道："不想我今日被那贼陷害，流落到此，直如此命蹇时乖！"

"被那贼陷害"具体指什么事？

_____

⓫阅读下面的选段，回答问题。

当日将了宝刀，插了草标儿，上市去卖。走到马行街内，立了两个时辰，并无一个人问。将立到晌午时分，转来到天汉州桥热闹处去卖。B立未久，只见两边的人都跑入河下巷内去躲。B看时，只见都乱窜，口里说道："快躲了，大虫来也。"

选段中B指代的人物是_____，出自名著中的精彩故事_____，这个故事的结局是_____。

⓬阅读《水浒传》选段，回答问题。

林冲叫扶上车子，便差三阮、杜迁、宋万先送回山寨。其馀十五个头领在寨中商议："今番晁天王哥哥下山来，不想遭这一场，正应了风折认旗之兆。我等只可收兵回去，这曾头市急切不能取得。"

（1）晁天王此次下山的原因和目的分别是什么？

_____

（2）文中说"遭这一场"指什么事情？

_____

⓭阅读下列文段，然后回答问题。

智深正使得活泛，只见墙外一个官人看见，喝采道："端的使得好！"智深听得，收住了手看时，只见墙缺边立着一个官人。怎生打扮？但见：<u>头戴一顶青纱抓角儿头巾，脑后两个白玉圈连珠鬓环。身穿一领单绿罗团花战袍，腰系一条双搭尾龟背银带。穿一对磕瓜头朝样皂靴，手中执一把折叠纸西川扇子。那官人生的豹头环眼，燕颔虎须，八尺长短身材，三十四五年纪。</u>

（1）文段中画线句子描写的人物是谁？主要运用了什么描写手法？

_____

（2）请根据你的阅读积累，写出与画线句子描写的人物有关的三个故事。

_____

⓮阅读下面的选文，回答后面的问题。

说时迟，那时快，蒋门神急待挣扎时，武松早落一刀，劈脸剁着，和那交椅都砍翻了。武松便转身回过刀来，那张都监方才伸得脚动，被武松当时一刀，齐耳根连脖子砍着，扑地倒在楼板上。两个都在挣命。这张团练终是个武官出身，虽然酒醉，还有些气力，见剁翻了两个，料道走不迭，便提起一把交椅轮将来。武松早接个住，就势只一推。休说张团练酒后，便清醒时也近不得武松神力，扑地往后便倒了。武松赶入去，一刀先剁下头来。蒋门神有力，挣得起来。武松左脚早起，翻筋斗踢一脚，按住也割下头。转身来，把张都监也割了头。见桌子上有酒有肉，武松拿起酒盅子一饮而尽；连吃了三四盅，便去死尸身上割下一片衣襟来，蘸着血，去白粉壁上写下八个大字道："杀人者，打虎武松也！"

（1）请为这段文字拟写一个贴切的标题。

_____

（2）本选段运用了大量动作描写，请举一例，简要分析其作用。

_____

_____

（3）武松杀人后，在墙上写下"杀人者，打虎武松也！"八个大字，体现了武松的什么性格特征？

_____

_____

⑮阅读下面的选文，完成文后的问题。

①武松乘着酒兴，走上冈子来，见一个败落的山神庙。行到庙前，见这庙门上贴着一张印信榜文。武松读了印信榜文，方知端的有虎，欲转身再回酒店……

②武松见那大虫复翻身回来，双手轮起梢棒，尽平生气力，只一棒，从半空劈将下来。只听得一声响，簌簌的将那树连枝带叶劈脸打将下来。定睛看时，一棒劈不着大虫。原来慌了，正打在枯树上，把那条梢棒折作两截，只拿得一半在手里……武松将半截棒丢在一边…… （有删改）

（1）上文节选自古典长篇小说《_____》。

（2）作者要塑造武松"打虎英雄"的形象，却为何写武松胆怯，想转身回去？

_____

（3）武松从柴进庄上出来，就一直将梢棒带在身边，作者也时时提起它，读者满以为定当靠它打虎，结果却没有用上。这样写有何作用？

_____

16 阅读《水浒传》片段，完成后面的问题。

不觉酒涌上来，潸然泪下，临风触目，感恨伤怀。忽然作了一首《西江月》词调，便唤酒保，索借笔砚。起身观玩，见白粉壁上，多有先人题咏。宋江寻思道："何不就书于此？倘若他日身荣，再来经过，重睹一番，以记岁月，想今日之苦。"乘其酒兴，磨得墨浓，蘸得笔饱，去那白粉壁上，挥毫便写道："自幼曾攻经史，长成亦有权谋。恰如猛虎卧荒丘，潜伏爪牙忍受。不幸刺文双颊，那堪配在江州。他年若得报冤仇，血染浔阳江口。"

宋江写罢，自看了，大喜大笑。一面又饮了数杯酒，不觉欢喜，自狂荡起来，手舞足蹈，又拿起笔来，去那《西江月》后，再写下四句诗，道是："心在山东身在吴，飘蓬江海谩嗟吁。他时若遂凌云志，敢笑黄巢不丈夫。"

宋江写罢诗，又去后面大书五字道："郓城宋江作。"写罢，掷笔在桌上，又自歌了一回，再饮过数杯酒，不觉沉醉，力不胜酒，便唤酒保计算了，取些银子算还，多的都赏了酒保。拂袖下楼来，跟跟跄跄，取路回营里来。开了房门，便倒在床上，一觉直睡到五更。酒醒时，全然不记得昨日在浔阳江楼上题诗一节。当日害酒，自在房里睡卧，不在话下。

（选自《水浒传》第三十九回）

（1）这一片段写的是"浔阳楼宋江吟反诗"。作者是借助哪些描写手法使宋江的醉态跃然纸上的？写出其中两种。

_____

（2）从选文宋江写下的诗词中，你能读出他怎样的心理状态和情绪？

_____

（3）联系《水浒传》内容，说说宋江"刺文双颊"是因为哪件事，他又是什么时候坐上梁山第一把交椅的？

_____

17《水浒传》第六十一回中，吴用扮作道士教卢俊义"去东南方巽地上一千里之外"的地方，以免遭难，还写下四句卦歌"芦花丛里一扁舟，俊杰俄从此地游。义士若能知此理，反躬逃难可无忧"做日后的应验。吴用让卢俊义去那里避难的用意是什么？那四句卦歌又暗藏什么玄机？

_____

_____

⓲有读者认为，《水浒传》中的李逵，在宋江面前是一个"缺乏独立人格而甘愿为奴"的形象。你是否认同这位读者的观点？请结合原著内容简述你的理由。

_____

_____

⓳《水浒传》中有许多"打杀"的情节，如"大闹飞云浦""拳打镇关西""怒杀阎婆惜"等。请你说说我们应该如何正确地看待这些"打杀"情节。

_____

_____

⓴《水浒传》又名《忠义水浒传》，书中的英雄往往十分讲"义气"。通过教材，我们已经学过《智取生辰纲》，认识了晁盖、吴用、公孙胜等英雄好汉；从《鲁提辖拳打镇关西》中，又感知了鲁提辖（鲁达）的"义气"。除此之外，你还特别欣赏哪位英雄？请说出他（她）的姓名，并简要写出他（她）的两个故事。

_____

_____

第3课：中考名著常考
考点归纳与解析2-1

西游记

名著简介

　　本书讲述了唐僧师徒四人西天取经的故事，根据内容可以分成三个部分，孙悟空是全书的主要人物。第一部分（第一回至第七回）以孙悟空为线索贯串全文，通过石猴出世、拜师学艺、大闹天宫等情节，交代其出生、师承、能耐、性情等；同时以悟空在天、地、冥、水四境界的穿越，展示了四个境界的风貌。第二部分（第八回至第十二回）写唐僧的出身，并交代去西天取经的缘由。第三部分（第十三回至最后一回）仍然以孙悟空为线索，写师兄弟三人一路降妖除魔，保护唐僧西行取经；然而他们到西天时取得真经，只经历了八十难，因此菩萨又给他们加了一难，最后他们修成正果。本书告诉读者一个道理：我们在干一番伟大事业的时候，过程中必然会遇到困难和挫折，只有顽强地克服这些困难与挫折，才能取得最后的成功。

写作背景

　　唐僧取经是历史上一件真实的事。唐太宗贞观元年（627），年仅二十五岁的青年和尚玄奘带领一个弟子离开京城长安，到天竺（印度）游学。他从长安出发后，途经中亚、阿富汗、巴基斯坦。据传，过高昌国时，那里的居民非常推崇佛教，国王见他是从大唐来的和尚，非常高兴，愿封他为护国法师，加上黄金百两、骏马千匹。玄奘溜了出来向西逃去，不料被高昌国的士兵截住。没想到他们是前来护送玄奘西去取经的。士兵送给玄奘一匹白马和一些文书，玄奘感激不已，他向王宫方向拜了几拜，就骑马西去了。玄奘历尽艰难险阻，最后到达了天竺。他在那里学习了两年多，并在一次大型佛教经学辩论会上任主讲，受到了赞誉。

贞观十九年（645），玄奘回到了长安，带回佛经六百多部。他这次西天取经，前后约十八年，行程几万里，是一次传奇式的万里长征，轰动一时。后来玄奘口述西行见闻，由弟子辩机辑录成《大唐西域记》十二卷。这部书主要讲述了他路上所见各国的历史、地理及交通，没有什么故事。他的弟子慧立、彦悰撰写《大唐大慈恩寺三藏法师传》时，为玄奘的经历增添了许多神话色彩，从此，唐僧取经的故事便开始在民间广为流传。南宋有《大唐三藏取经诗话》，金院本有《唐三藏》《蟠桃会》等，元杂剧有吴昌龄的《唐三藏西天取经》、无名氏的《二郎神锁齐天大圣》等，这些都为《西游记》的创作奠定了基础。吴承恩也正是在民间传说、话本、戏曲的基础上，经过艰苦的再创作，完成了这部令中华民族为之骄傲的伟大文学巨著。

▼作者简介▷

吴承恩是我国明代杰出的文学家，出身于小商人家庭。父亲为他取名"承恩"，希望他能读书做官，上承皇帝恩泽、下安黎民百姓，但这个美好的愿望并没有实现，官场失意、生活困顿，使他加深了对封建科举制度、黑暗社会现实的认识，促使他创作志怪小说，以此来表达内心的不满和愤懑之情。吴承恩还写过一部小说集《禹鼎志》，不过已经失传，现在只能看到一篇《自序》。

吴承恩天资聪颖，自幼喜读稗官野史、志怪小说、唐传奇等，而且善于仿写，年幼时就因善于写文章而闻名乡里，颇得名流和乡绅的赏识。嘉靖年间，吴承恩到淮安知府葛木创办的龙溪书院读书，得到葛木的赏识。然而，吴承恩并没有因此而青云直上。中年以后，他才补得一个岁贡生，到北京等待分配官职，但没有被选上。后来，为生计所迫，他去浙江长兴做了县丞。在此期间，吴承恩寄情于诗酒，整日与朋友吟诗作赋，与沈坤、徐中行等人往来。他终因受人诬告，两年后"拂袖而归"。晚年，他以卖文为生，活了大约八十二岁。

主要人物

唐僧——俗姓陈，名祎，法号玄奘，号三藏。他本是如来佛祖的弟子金蝉子转世，自幼皈依佛门，历经千辛万苦，从西天取回真经。他是取经集团的核心，虔诚坚定，面对财物、美貌和权势的诱惑，从不动心。他心地善良，心存善念，总是悲天悯人，但也人妖不分，善恶不辨，而且屡次犯错。

孙悟空——法号行者，自称"齐天大圣"，由一块灵石孕育而生。一双火眼金睛能看穿妖魔鬼怪伪装的伎俩，一个筋斗能翻十万八千里，使用的兵器是能任意伸缩的如意金箍棒。他占花果山为王，因大闹天宫被如来佛祖压在五行山下五百年。其性格特征为桀骜不驯、疾恶如仇、无所畏惧，又有些自大。

猪八戒——正名猪刚鬣，又名猪悟能。他原为天庭的天蓬元帅，掌管天河水府，武器为九齿钉钯，因调戏嫦娥惹怒玉帝，被罚下人间，但他错投了猪胎，长成了猪脸人身的模样。在高老庄强占高家小姐高翠兰为妻，被孙悟空降伏，跟随唐僧西天取经。他好吃懒做、胆小、爱贪小便宜、好色，但又温和善良、富有人情味。

沙僧——又名沙悟净。原为天宫中的卷帘大将，因在蟠桃会上打碎了琉璃盏，被贬下人间，在流沙河当妖怪。沙僧个性憨厚，忠心耿耿。他不像孙悟空那么叛逆，也不像猪八戒那样好吃懒做、贪恋女色。自放弃妖怪的身份起，他就一心跟着唐僧，正直无私、任劳任怨，谨守佛门戒律。

◎作品评价◎

　　《西游记》是我国古代长篇小说的典型代表，它将善意的嘲笑、辛辣的讽刺和严肃的批判巧妙地结合起来，采用人、神、兽三位一体的塑造方法，创造出了孙悟空、猪八戒等不朽的艺术形象。《西游记》自问世以来，在中国乃至世界各地广为流传，被翻译成多种语言，在世界文学史上占有重要地位。《美国大百科全书》认为它是"一部具有丰富内容和光辉思想的神话小说"，《法国大百科全书》说它"全书故事的描写充满幽默和风趣，给读者以浓厚的兴味"。

◎主题思想◎

　　《西游记》以神话的形式，讲述了唐僧师徒四人西天取经的故事，展现了丰富的社会生活内容，影射了现实社会的种种矛盾，反映了广大人民的愿望和要求。书中借助孙悟空的形象，反映了人民反抗压迫专制、战胜邪恶、除暴安良的美好愿望。孙悟空积极乐观的性格，勇敢无畏的顽强斗争精神，体现了中国人民坚强不屈、英勇战斗的精神。

◎艺术特色◎

1.对比鲜明

　　《西游记》的作者善于使用对比手法，使人物的形象愈加分明。如写偷人参果事件时，作者把唐僧师徒不同的性格鲜明地表现了出来。唐僧见了人参害怕，更别说吃了；八戒想吃人参果却怂恿悟空去偷；八戒吃完后还想吃，悟空说一人吃了一个，应该知足了。唐僧的善良老实，孙悟空的敢作敢为、高傲，猪八戒的胆小和贪心，沙僧的耿直憨厚，都跃然纸上，生动形象。

2.语言精彩

　　《西游记》的语言幽默风趣，作者善于通过人物对话展示人物性格特征，刻画人物形象。如连环洞捉妖事件中，悟空认为自己挥棒就打妖怪，会坏了自己的名声，于是骗八戒说，前方有雾是因为村里人乐善好施，蒸了白米干饭、白面馍馍。八戒听了，心里就打起了小算盘，说自己先去找些嫩草喂马，实际上是想去村里吃东西。悟空的聪明、八戒的贪吃都通过语言展现了出来。

阅读感悟

无论做什么事，你只要克服了一个个困难，就一定会取得让你满意的结果。这就是《西游记》给我的最大感触。我们的学习和生活也是这样。有人想考名校，有人想当医生，有人想当教师，有人想当工程师，还有人想……人们在梦想的路途上行走着，突然遇到"拦路虎"就后退了。摆在眼前的困难不敢去克服、不敢去解决，如果这样，梦想将永远也实现不了。唐僧师徒历经八十一难，他们执着、不畏艰险、锲而不舍的精神值得我们学习。

经典章节鉴赏

大闹天宫

一朝，王母娘娘设宴，大开宝阁，瑶池中做"蟠桃胜会"，即着那红衣仙女、青衣仙女、素衣仙女、皂衣仙女、紫衣仙女、黄衣仙女、绿衣仙女，各顶花篮，去蟠桃园摘桃建会。七衣仙女直至园门首，只见蟠桃园土地、力士同齐天府二司仙吏，都在那里把门。仙女近前道："我等奉王母懿旨，到此摘桃设宴。"土地道："仙娥且住。今岁不比往年了，玉帝点差齐天大圣在此督理，须是报大圣得知，方敢开园。"仙女道："大圣何在？"土地道："大圣在园内，因困倦，自家在亭子上睡哩。"仙女道："既如此，寻他去来，不可迟误。"

土地即与同进。寻至花亭不见，只有衣冠在亭，不知何往。四下里都没寻处。原来大圣耍了一会，吃了几个桃子，变作二寸长的个人儿，在那大树梢头浓叶之下睡着了。七衣仙女道："我等奉旨前来，寻不见大圣，怎敢空回？"旁有仙吏道："仙娥既奉旨来，不必迟疑。我大圣闲游惯了，想是出园会友去了。汝等且去摘桃，我们替你回话便是。"

那仙女依言，入树林之下摘桃。先在前树摘了二篮，又在中树摘了三篮；到后树上摘取，只见那树上花果稀疏，止有几个毛蒂青皮的。原来熟的都是猴王吃了。七仙女张望东西，只见南枝上止有一个半红半白的桃子。青衣女用手扯下枝来，红衣女摘了，却将枝子望上一放。原来那大圣变化了，正睡在此枝，被他惊醒。大圣即现本相，耳朵内掣出金箍棒，幌一幌，碗来粗细，咄的一声道："你是那方怪物，敢大胆偷摘我桃！"慌得那七仙女一齐跪下道："大圣息怒。我等不是妖怪，乃王母娘娘差来的七衣仙女，摘取仙桃，大开宝阁，做'蟠桃胜会'。适至此间，先见了本园土地等神，寻大圣不见。我等恐迟了王母懿旨，是以等不得大圣，故先在此摘桃，万望恕罪。"大圣闻言，回嗔作喜道："仙娥请起。王母开阁设宴，请的是谁？"仙女道："上会自有旧规。请的是西天佛老、菩萨、圣僧、罗汉，南方南极观音，东方崇恩圣帝、十洲三岛仙翁，北方北极玄灵，中央黄极黄角大仙，这个是五方五老。还有五斗星君，上八洞三清、四帝、太乙天仙等众。中八洞玉皇、九垒、海岳神仙。下八洞幽冥教主、注世地仙。各宫各殿大小尊神，俱一齐赴蟠桃嘉会。"大圣笑道："可请我么？"仙女说："不曾听得说。"大圣道："我乃齐天大圣，就请我老孙做个席尊，有何不可？"仙女道："此是上会旧规，今会不知如何。"大圣道："此言也是，难怪汝等。你且立下，待老孙先去打听个消息，看可请老孙不请。"

好大圣，捻着诀，念声咒语，对众仙女道："住！住！住！"这原来是个定身法，把那七衣仙女，一个个晾晾睁睁，白着眼，都站在桃树之下。大圣纵朵祥云，跳出园内，竟奔瑶池路上而去。正行时，只见那壁厢①：

一天瑞霭光摇曳，五色祥云飞不绝。白鹤声鸣振九皋，紫芝色秀分千叶。中间现出一尊仙，相貌昂然丰采别。神舞虹霓幌汉霄，腰悬宝篆无生灭。名称赤脚大罗仙，特赴蟠桃添寿节。

那赤脚大仙觌面②撞见大圣，大圣低头定计，赚哄真仙，他要暗去赴会，却问："老道何往？"大仙道："蒙王母见招，去赴蟠桃嘉会。"大圣道："老道不知。玉帝因老孙筋斗云疾，着老孙五路邀请列位，先至通明殿下演礼，后方去赴宴。"大仙是个光明正大之人，就以他的诳语作真，道："常年就在瑶池演礼谢恩，如何先去通明殿演礼，方去瑶池赴会？"无奈，只得拨转祥云，径往通明殿去了。

大圣驾着云，念声咒语，摇身一变，就变作赤脚大仙模样，前奔瑶池。不多时，直至宝阁，按住云头，轻轻移步，走入里面。只见那里：

琼香缭绕，瑞霭缤纷。瑶台铺彩结，宝阁散氤氲。凤翥鸾翔形缥缈，金花玉萼影浮沉。上排着九凤丹霞扆，八宝紫霓墩。五彩描金桌，千花碧玉盆。桌上有龙肝和凤髓，熊掌与猩唇。珍馐百味般般美，异果嘉肴色色新。

那里铺设得齐齐整整，却还未有仙来。这大圣点看不尽，忽闻得一阵酒香扑鼻；忽转头，见右壁厢长廊之下，有几个造酒的仙官，盘糟的力士，领几个运水的道人，烧火的童子，在那里洗缸刷瓮，已造成了玉液琼浆，香醪③佳酿。大圣止不住口角流涎，就要去吃，奈何那些人都在这里。他就弄个神通，把毫毛拔下几根，丢入口中嚼碎，喷将出去，念声咒语，叫"变！"即变作几个瞌睡虫，奔在众人脸上。你看那伙人，手软头低，闭眉合眼，丢了执事，都去盹睡。大圣却拿了些百味八珍，佳肴异品，走入长廊里面，就着缸，挨着瓮，放开量，痛饮一番。吃勒了多时，酕醄④醉了。自揣自摸道："不好！不好！再过会，请的客来，却不怪我？一时拿住，怎生是好？不如早回府中睡去也。"

好大圣，摇摇摆摆，仗着酒，任情乱撞，一会把路差了，不是齐天府，却是兜率天宫。一见了，顿然醒悟道："兜率宫是三十三天之上，乃离恨天太上老君之处，如何错到此间？——也罢！也罢！一向要来望此老，不曾得来，今趁此残步，就望他一望也好。"即整衣撞进去。那里不见老君，四无人迹。原来那老君与燃灯古佛在三层高阁朱陵丹台上讲道，众仙童、仙将、仙官、仙吏，都侍立左右听讲。这大圣直至丹房里面，寻访不遇，但见丹灶之旁，炉中有火。炉左右安放着五个葫芦，葫芦里都是炼就的金丹。大圣喜道："此物乃仙家之至宝，老孙自了道以来，识破了内外相同之理，也要炼些金丹济人，不期到家无暇；今日有缘，却又撞着此物，趁老子⑤不在，等我吃他几丸尝新。"他就把那葫芦都倾出来，就都吃了，如吃炒豆相似。

一时间丹满酒醒。又自己揣度道："不好！不好！这场祸，比天还大，若惊动玉帝，性命难存。走！走！走！不如下界为王去也！"他就跑出兜率宫，不行旧路，从西天门，使个隐身法逃去。即按云头，回至花果山界。但见那旌旗闪灼，戈戟光辉，原来是四健将与七十二洞妖王在那里演习武艺。大圣高叫道："小的们！我来也！"众怪丢了器械，跪倒道："大圣好宽心！丢下我等许久，不来相顾！"大圣道："没多时！没多时！"且说且行，径入洞天深处。四健将打扫安歇，叩头礼拜毕。俱道："大圣在天这百十年，实受何职？"大圣笑道："我记得才半年光景，怎么就说百十年话？"健将道："在天一日，即在下方一年也。"大圣道："且喜这番玉帝相爱，果封作'齐天大圣'，起一座齐天府，又设安静、宁神二司，司设仙吏侍卫。向后见我无事，着我代管蟠桃园。近因王母娘娘设'蟠桃大会'，未曾请我，是我不待他请，先赴瑶池，把他那仙品、仙酒，都是我偷吃了。走出瑶池，跟跟跄跄误入老君宫阙，又把他五个葫芦金丹也偷吃了。但恐玉帝见罪，方才走出天门来也。"

众怪闻言大喜。即安排酒果接风，将椰酒满斟一石碗奉上。大圣喝了一口，即咨牙俫嘴⑥道："不好吃！不好吃！"崩、芭二将道："大圣在天宫，吃了仙酒、仙肴，是以椰酒不甚美口。常言道：'美不美，乡中水。'"大圣道："你们就是'亲不亲，故乡人'。我今早在瑶池中受用时，见那长廊之下，有许多瓶罐，都是那玉液琼浆。你们都不曾尝着。待我再去偷他几瓶回来，你们各饮半杯，一个个也长生不老。"众猴欢喜不胜。大圣即出洞门，又翻一筋斗，使个隐身法，径至蟠桃会上。进瑶池宫阙，只见那几个造酒、盘糟、运水、烧火的，还鼾睡未醒。他将大的从左右胁下挟了两个，两手提了两个，即拨转云头回来，会众猴在于洞中，就做个"仙酒会"，各饮了几杯，快乐不题。

却说那七衣仙女自受了大圣的定身法术，一周天方能解脱。各提花篮，回奏王母，说道："齐天大圣使术法困住我等，故此来迟。"王母问道："汝等摘了多少蟠桃？"仙女道："只有两篮小桃，三篮中桃。至后面，大桃半个也无，想都是大圣偷吃了。及正寻间，不期大圣走将出来，行凶拷打，又问设宴请谁。我等把上会事说了一遍，他就定住我等，不知去向。直到如今，才得醒解回来。"

王母闻言，即去见玉帝，备陈前事。说不了，又见那造酒的一班人，同仙官等来奏："不知甚么人，搅乱了'蟠桃大会'，偷吃了玉液琼浆，其八珍百味，亦俱偷吃了。"又有四个大天师来奏上："太上道祖来了。"玉帝即同王母出迎。老君朝礼毕，道："老道宫中，炼了些'九转金丹'，伺候陛下做'丹元大会'，不期被贼偷去，特启陛下知之。"玉帝见奏，悚惧。少时，又有齐天府仙吏叩头道："孙大圣不守执事，自昨日出游，至今未转，更不知去向。"玉帝又添疑思。只见那赤脚大仙又俯囟上奏道："臣蒙王母诏昨日赴会，偶遇齐天大圣，对臣言万岁有旨，着他邀臣等先赴通明殿演礼，方去赴会。臣依他言语，即返至通明殿外，不见万岁龙车凤辇，又急来此俟候。"玉帝越发大惊道："这厮假传旨意，赚哄贤卿，快着纠察灵官缉访这厮踪迹！"

灵官领旨，即出殿遍访，尽得其详细。回奏道："搅乱天宫者，乃齐天大圣也。"又将前事尽诉一番。玉帝大恼。即差四大天王，协同李天王并哪吒太子，点二十八宿、九曜星官、十二元辰、五方揭谛、四值功曹、东西星斗、南北二神、五岳四渎、普天星相，共十万天兵，布一十八架天罗地网下界，去花果山围困，定捉获那厮处治。众神即时兴师，离了天宫。这一去，但见那：

> 黄风滚滚遮天暗，紫雾腾腾罩地昏。只为妖猴欺上帝，致令众圣降凡尘。四大天王，五方揭谛：四大天王权总制，五方揭谛调多兵。李托塔中军掌号，恶哪吒前部先锋。罗睺星为头检点，计都星随后峥嵘。太阴星精神抖擞，太阳星照耀分明。五行星偏能豪杰，九曜星最喜相争。元辰星子午卯酉，一个个都是大力天丁。五瘟五岳东西摆，六丁六甲左右行。四渎龙神分上下，二十八宿密层层。角亢氐房为总领，奎娄胃昴惯翻腾。斗牛女虚危室壁，心尾箕星个个能。井鬼柳星张翼轸，轮枪舞剑显威灵。停云降雾临凡世，花果山前扎下营。

诗曰：

> 天产猴王变化多，偷丹偷酒乐山窝。
>
> 只因搅乱蟠桃会，十万天兵布网罗。

当时李天王传了令，着众天兵扎了营，把那花果山围得水泄不通。上下布了十八架天罗地网，先差九曜恶星出战。九曜即提兵径至洞外，只见那洞外大小群猴跳跃玩耍。星官厉声高叫道："那小妖！你那大圣在那里？我等乃上界差调的天神，到此降你这造反的大圣。教他快快来归降，若道半个'不'字，教汝等一概遭诛！"那小妖慌忙传入道："大圣，祸事了！祸事了！外面有九个凶神，口称上界差来的天神，收降大圣。"

那大圣正与七十二洞妖王，并四健将分饮仙酒，一闻此报，公然不理道："今朝有酒今朝醉，莫管门前是与非。"说不了，一起小妖又跳来道："那九个凶神，恶言泼语，在门前骂战哩！"大圣笑道："莫睬他。'诗酒且图今日乐，功名休问几时成。'"说犹未了，又一起小妖来报："爷爷！那九个凶神已把门打破，杀进来也！"大圣怒道："这泼毛神，老大无礼！本待不与他计较，如何上门来欺我？"即命独角鬼王，领帅七十二洞妖王出阵，老孙领四健将随后。那鬼王疾帅妖兵，出门迎敌，却被九曜恶星一齐掩杀，抵住在铁板桥头，莫能得出。

正嚷间，大圣到了，叫一声"开路！"挈开铁棒，幌一幌，碗来粗细，丈二长短，丢开架子，打将出来。九曜星那个敢抵，一时打退。那九曜星立住阵势道："你这不知死活的弼马温！你犯了十恶之罪，先偷桃，后偷酒，搅乱了蟠桃大会，又窃了老君仙丹，又将御酒偷来此处享乐。你罪上加罪，岂不知之？"大圣笑道："这几桩事，实有！实有！但如今你怎么？"九曜星道："吾奉玉帝金旨，帅众到此收降你，快早皈依，免教这些生灵纳命。不然，就平了此山，掀翻了此洞也！"大圣大怒道："量你这些毛神，有何法力，敢出浪言。不要走，请吃老孙一棒！"这九曜星一齐踊跃。那美猴王不惧分毫，轮起金箍棒，左遮右挡，把那九曜星战得筋疲力软，一个个倒拖器械，败阵而走，急入中军帐下，对托塔天王道："那猴王果十分骁勇！我等战他不过，败阵来了。"

李天王即调四大天王与二十八宿，一路出师来斗。大圣也公然不惧，调出独角鬼王、七十二洞妖王与四个健将，就于洞门外列成阵势。你看这场混战好惊人也：

寒风飒飒，怪雾阴阴。那壁厢旌旗飞彩，这壁厢戈戟生辉。滚滚盔明，层层甲亮。滚滚盔明映太阳，如撞天的银磬；层层甲亮砌岩崖，似压地的冰山。大捍刀，飞云掣电；楮白枪，度雾穿云。方天戟，虎眼鞭，麻林摆列；青铜剑，四明铲，密树排阵。弯弓硬弩雕翎箭，短棍蛇矛挟了魂。大圣一条如意棒，翻来覆去战天神。杀得那空中无鸟过，山内虎狼奔；扬砂走石乾坤黑，播土飞尘宇宙昏。只听兵兵扑扑惊天地，煞煞威威振鬼神。

这一场自辰时布阵，混杀到日落西山。那独角鬼王与七十二洞妖怪，尽被众天神捉拿去了，止走了四健将与那群猴，深藏在水帘洞底。这大圣一条棒，抵住了四大天神与李托塔、哪吒太子，俱在半空中，杀鏖多时，大圣见天色将晚，即拔毫毛一把，丢在口中，嚼碎了，喷将出去，叫声"变！"就变了千百个大圣，都使的是金箍棒，打退了哪吒太子，战败了五个天王。

大圣得胜，收了毫毛，急转身回洞，早又见铁板桥头，四个健将，领众叩迎那大圣，哽哽咽咽大哭三声，又唏唏哈哈大笑三声。大圣道："汝等见了我，又哭又笑，何也？"四健将道："今早帅众将与天王交战，把七十二洞妖王与独角鬼王，尽被众神捉了，我等逃生，故此该哭。这见大圣得胜回来，未曾伤损，故此该笑。"大圣道："胜负乃兵家之常。古人云：'杀人一万，自损三千。'况捉了去的头目乃是虎豹、狼虫、獾獐、狐狢之类，我同类者未伤一个，何须烦恼？他虽被我使个分身法杀退，他还要安营在我山脚下。我等且紧紧防守，饱食一顿，安心睡觉，养养精神。天明看我使个大神通，拿这些天将，与众报仇。"四将与众猴将椰酒吃了几碗，安心睡觉不题。

注 释

①壁厢：边，旁。多见于早期白话文。

②觌（dí）面：当面，迎面。

③香醪（láo）：美酒。

④酕醄（máo táo）：大醉的样子。

⑤老子：此处指太上老君。

⑥咨牙俫嘴：龇牙咧嘴，指张着嘴巴，露出牙齿。形容凶狠或疼痛难忍的样子。

品读与赏析

选文讲述了齐天大圣被二次招安后，因未受邀参加蟠桃会，于是假冒赤脚大仙赴瑶池盛会，喝光仙酒；醉酒后误闯兜率宫，吃尽太上老君的九转金丹。他自知惹祸后，出了天庭，回到花果山与众猴相会；待天庭出兵捉拿他时，他使用神通，打败各路神仙，表现了他桀骜不驯、不畏强权、敢于斗争、不服输的性格特征。

三藏不忘本

长老道："徒弟啊，你且看那壁厢，有一座庄院，我们却好借宿去也。"行者闻言，急抬头举目而看，果见那半空中庆云笼罩，瑞霭遮盈。情知定是佛仙点化，他却不敢泄漏天机，只道："好！好！好！我们借宿去来。"长老连忙下马。见一座门楼，乃是垂莲象鼻，画栋雕梁。沙僧歇了担子。八戒牵了马匹道："这个人家，是过当的①富实之家。"行者就要进去。三藏道："不可，你我出家人，各自避些嫌疑，切莫擅入。且自等他有人出来，以礼求宿，方可。"八戒拴了马，斜倚墙根之下。三藏坐在石鼓上。行者、沙僧坐在台基边。久无人出，行者性急，跳起身入门里看处：原来有向南的三间大厅，帘栊高控。屏门上，挂一轴寿山福海的横披画；两边金漆柱上，贴着一幅大红纸的春联，上写着：

丝飘弱柳平桥晚，雪点香梅小院春。

正中间，设一张退光黑漆的香几，几上放一个古铜兽炉。上有六张交椅。两山头②挂着四季吊屏。

行者正然偷看处，忽听得后门内有脚步之声，走出一个半老不老的妇人来，娇声问道："是甚么人，擅入我寡妇之门？"慌得个大圣喏喏连声道："小僧是东土大唐来的，奉旨向西方拜佛求经。一行四众，路过宝方，天色已晚。特奔老菩萨檀府，告借一宵。"那妇人笑语相迎道："长老，那三位在那里？请来。"行者高声叫道："师父，请进来耶。"三藏才与八戒、沙僧牵马挑担而入。只见那妇人出厅迎接。八戒饧眼③偷看，你道他怎生打扮：

穿一件织金官绿纻丝袄，上罩着浅红比甲④；系一条结彩鹅黄锦绣裙，下映着高底花鞋。时样鬏髻皂纱漫，相衬着二色盘龙发；宫样牙梳朱翠晃，斜簪着两股赤金钗。云鬓半苍飞凤翅，耳环双坠宝珠排；脂粉不施犹自美，风流还似少年才。

那妇人见了他三众，更加欣喜，以礼邀入厅房。一一相见礼毕，请各叙坐看茶。那屏风后，忽有一个丫髻垂丝的女童，托着黄金盘、白玉盏，香茶喷暖气，异果散幽香。那人绰彩袖，春笋⑤纤长；擎玉盏，传茶上奉；对他们一一拜了。

茶毕，又吩咐办斋。三藏启手道："老菩萨，高姓？贵地是甚地名？"妇人道："此间乃西牛贺洲之地。小妇人娘家姓贾，夫家姓莫。幼年不幸，公姑⑥早亡，与丈夫守承祖业。有家资万贯，良田千顷。夫妻们命里无子，止生了三个女孩儿。前年大不幸，又丧了丈夫。小妇居孀⑦，今岁服满⑧。空遗下田产家业，再无个眷族亲人，只是我娘女们承领。欲嫁他人，又难舍家业。适承长老下降，想是师徒四众。小妇娘女四人，意欲坐山招夫，四位恰好。不知尊意肯否如何？"三藏闻言，推聋妆哑⑨，瞑目宁心，寂然不答。那妇人道："舍下有水田三百馀顷，旱田三百馀顷，山场果木三百馀顷；黄水牛有一千馀只，骡马成群，猪羊无数；东南西北，庄堡草场，共有六七十处；家下有八九年用不着的米谷，十来年穿不着的绫罗；一生有使不着的金银：胜强似那锦帐藏春，说甚么金钗两行；你师徒们若肯回心转意，招赘在寒家，自自在在，享用荣华，却不强如往西劳碌？"那三藏也只是如痴如蠢，默默无言。

那妇人道："我是丁亥年三月初三日酉时生。故夫比我年大三岁，我今年四十五岁。大女儿名真真，今年二十岁；次女名爱爱，今年十八岁；三小女名怜怜，今年十六岁；俱不曾许配人家。虽是小妇人丑陋，却幸小女俱有几分颜色，女工针指，无所不会。因是先夫无子，即把他们当儿子看养。小时也曾教他读些儒书，也都晓得些吟诗作对。虽然居住山庄，也不是那十分粗俗之类，料想也配得过列位长老，若肯放开怀抱，长发留头，与舍下做个家长，穿绫着锦，胜强如那瓦钵缁衣，雪鞋云笠⑩！"

三藏坐在上面，好便似雷惊的孩子，雨淋的虾蟆；只是呆呆挣挣⑪，翻白眼儿打仰⑫。那八戒闻得这般富贵,这般美色,他却心痒难挠,坐在那椅子上,一似针戳屁股,左扭右扭的,忍耐不住。走上前,扯了师父一把道:"师父!这娘子告诵你话,你怎么佯佯不睬⑬?好道也做个理会是。"那师父猛抬头,咄的一声,喝退了八戒道:"你这个孽畜!我们是个出家人,岂以富贵动心,美色留意,成得个甚么道理!"那妇人笑道:"可怜!可怜!出家人有何好处?"三藏道:"女菩萨,你在家人,却有何好处?"那妇人道:"长老请坐,等我把在家人好处,说与你听。怎见得?有诗为证。诗曰:

春裁方胜⑭着新罗,夏换轻纱赏绿荷;秋有新蒭香糯酒,冬来暖阁醉颜酡⑮。

四时受用般般有,八节珍馐件件多;衬锦铺绫花烛夜,强如行脚礼弥陀。"

三藏道:"女菩萨,你在家人享荣华,受富贵,有可穿,有可吃,儿女团圆,果然是好;但不知我出家的人,也有一段好处。怎见得?有诗为证。诗曰:

出家立志本非常,推倒从前恩爱堂。外物不生闲口舌,身中自有好阴阳。

功完行满朝金阙,见性明心返故乡。胜似在家贪血食,老来坠落臭皮囊。"

那妇人闻言,大怒道:"这泼和尚无礼!我若不看你东土远来,就该叱出。我倒是个真心实意,要把家缘招赘汝等,你倒反将言语伤我。你就是受了戒,发了愿,永不还俗,好道你手下人,我家也招得一个。你怎么这般执法?"

三藏见他发怒,只得者者谦谦⑯,叫道:"悟空,你在这里罢。"行者道:"我从小儿不晓得干那般事,教八戒在这里罢。"八戒道:"哥啊,不要栽人⑰么。——大家从长计较。"三藏道:"你两个不肯,便教悟净在这里罢。"沙僧道："你看师父说的话。弟子蒙菩萨劝化，受了戒行，等候师父；自蒙师父收了我，又承教诲；跟着师父还不上两月，更不曾进得半分功果，怎敢图此富贵！宁死也要往西天去，决不干此欺心之事。"那妇人见他们推辞不肯，急抽身转进屏风，扑的把腰门关上。师徒们撇在外面，茶饭全无，再没人出。

八戒心中焦躁，埋怨唐僧道："师父忒不会干事，把话通说杀^⑱了。你好道还活着些脚儿^⑲，只含糊答应，哄他些斋饭吃了，今晚落得一宵快活；明日肯与不肯，在乎你了。似这般关门不出，我们这清灰冷灶^⑳，一夜怎过！"

悟净道："二哥，你在他家做个女婿罢。"八戒道："兄弟，不要栽人。——从长计较。"行者道："计较甚的？你要肯，便就教师父与那妇人做个亲家，你就做个倒踏门的女婿。他家这等有财有宝，一定倒陪妆奁，整治个会亲的筵席。我们也落些受用。你在此间还俗，却不是两全其美？"八戒道："话便也是这等说，却只是我脱俗又还俗，停妻再娶妻了。"

沙僧道："二哥原来是有嫂子的？"行者道："你还不知他哩，他本是乌斯藏高老庄高太公的女婿。因被老孙降了，他也曾受菩萨戒行，没及奈何，被我捉他来做个和尚，所以弃了前妻，投师父往西拜佛。他想是离别得久了，又想起那个勾当。却才听见这个勾当，断然又有此心。呆子，你与这家子做了女婿罢。只是多拜老孙几拜，我不检举你就罢了。"

那呆子道："胡说！胡说！大家都有此心，独拿老猪出丑。常言道：'和尚是色中饿鬼。'那个不要如此？都这们扭扭捏捏的拿班儿^㉑，把好事都弄得裂了。这如今茶水不得见面，灯火也无人管，虽熬了这一夜，但那匹马明日又要驮人，又要走路，再若饿上这一夜，只好剥皮罢了。你们坐着，等老猪去放放马来。"那呆子虎急急的，解了缰绳，拉出马去。

注释

①过当的：殷实的，有家当的，过得去的。

②两山头：指屋内东西两边的壁墙。

③饧（xíng）眼：眼睛半睁半闭的样子。

④比甲：一种无袖无领、长至膝下的马甲。

⑤春笋：比喻女子细嫩的手指。

⑥公姑：丈夫的父母，也称公婆。

⑦居孀（shuāng）：寡居，守寡。

⑧服满：服丧期满。

⑨推聋妆哑：假装聋子和哑巴。

⑩瓦钵缁（zī）衣，雪鞋云笠：指出家。

⑪呆呆挣挣：形容发愣的样子。挣挣，通"睁睁"，怔住的意思。

⑫打仰：身子往后仰。

⑬佯（yáng）佯不睬：像什么都没发生一样，不予理睬。

⑭方胜：两个斜方形互相联合、彩结或一部分重叠相连而成的形状叫方胜。

⑮醉颜酡（tuó）：酒后脸红的样子。

⑯者者谦谦：和和气气、唯唯诺诺的样子。

⑰栽人：捉弄人。

⑱杀：绝，没有挽回余地的意思。

⑲活着些脚儿：留些地步，留个退路。

⑳清灰冷灶：没吃没喝，常用来形容贫困冷清的景象。

㉑拿班儿：装腔作势，犹如现在说拿乔、拿架子。

品读与赏析

师徒四人聚齐，一起奔赴西天取经。为了知晓他们是否真心取经，黎山老母、观音菩萨、普贤菩萨和文殊菩萨扮作母女，以锦衣玉食、美色来试探师徒四人，假意招他们为夫婿。唐僧、悟空、沙僧意志坚定，不为所惑。只有八戒凡心未泯，想着放弃取经，留下来过凡人生活，后来八戒被四位菩萨戏弄一番。唐僧在这个过程中，坚持求取真经的信念，不为所动，突出表现了他信仰坚定、义无反顾的性格特征。

三打白骨精

行者将身一纵，跳上云端里，手搭凉篷，睁眼观看。可怜西方路甚是寂寞，更无庄堡人家，正是多逢树木，少见人烟去处。看多时，只见正南上有一座高山。那山向阳处，有一片鲜红的点子。行者按下云头道："师父，有吃的了。"那长老问甚东西，行者道："这里没人家化饭，那南山有一片红的，想必是熟透了的山桃，我去摘几个来你充饥。"三藏喜道："出家人若有桃子吃，就为上分了！快去。"行者取了钵盂①，纵起祥光，你看他筋斗幌幌，冷气飕飕，须臾间，奔南山摘桃不题。

却说常言有云："山高必有怪，岭峻却生精。"果然这山上有一个妖精，孙大圣去时，惊动那怪。他在云端里，踏着阴风，看见长老坐在地下，就不胜欢喜道："造化！造化！几年家人都讲东土的唐和尚取'大乘'，他本是金蝉子化身，十世修行的原体。有人吃他一块肉，长寿长生。真个今日到了。"那妖精上前就要拿他，只见长老左右手下有两员大将护持，不敢拢身。他说两员大将是谁？说是八戒、沙僧。八戒、沙僧虽没甚么大本事，然八戒是天蓬元帅，沙僧是卷帘大将。他的威气尚不曾泄，故不敢拢身。妖精说："等我且戏他戏，看怎么说。"

好妖精，停下阴风，在那山凹里，摇身一变，变作个月貌花容的女儿，说不尽那眉清目秀，齿白唇红。左手提着一个青砂罐，右手提着一个绿磁瓶，从西向东，径奔唐僧：

圣僧歇马在山岩，忽见裙钗女近前。翠袖轻摇笼玉笋，湘裙斜拽显金莲②。

汗流粉面花含露，尘拂蛾眉柳带烟。仔细定睛观看处，看看行至到身边。

三藏见了，叫："八戒、沙僧，悟空才说这里旷野无人，你看那里不走出一个人来了？"八戒道："师父，你与沙僧坐着，等老猪去看看来。"那呆子放下钉钯，整整直裰，摆摆摇摇，充作个斯文气象，一直的觌面③相迎。真个是远看未实，近看分明，那女子生得：

冰肌藏玉骨，衫领露酥胸。柳眉积翠黛，杏眼闪银星。月样容仪俏，天然性格清。体似燕藏柳，声如莺啭林。半放海棠笼晓日，才开芍药弄春晴。

那八戒见他生得俊俏，呆子就动了凡心，忍不住胡言乱语。叫道："女菩萨，往那里去？手里提着是甚么东西？"——分明是个妖怪，他却不能认得。——那女子连声答应道："长老，我这青罐里是香米饭，绿瓶里是炒面筋，特来此处无他故，因还誓愿要斋僧。"

八戒闻言，满心欢喜，急抽身，就跑了个猪颠风，报与三藏道："师父！吉人自有天报！师父饿了，教师兄去化斋，那猴子不知那里摘桃儿耍子去了。桃子吃多了，也有些嘈④人，又有些下坠。你看那不是个斋僧的来了？"唐僧不信道："你这个夯货胡缠！我们走了这向，好人也不曾遇着一个，斋僧的从何而来！"八戒道："师父，这不到了？"

三藏一见，连忙跳起身来，合掌当胸道："女菩萨，你府上在何处住？是甚人家？有甚愿心，来此斋僧？"——分明是个妖精，那长老也不认得。——那妖精见唐僧问他来历，他立地就起个虚情，花言巧语来赚哄道："师父，此山叫作蛇回兽怕的白虎岭。正西下面是我家。我父母在堂，看经好善，广斋方上远近僧人；只因无子，求神作福；生了奴奴，欲扳门第，配嫁他人，又恐老来无倚，只得将奴招了一个女婿，养老送终。"三藏闻言道："女菩萨，你语言差了。圣经⑤云：'父母在，不远游，游必有方。'你既有父母在堂，又与你招了女婿，——有愿心，教你男子还，便也罢，怎么自家在山行走？又没个侍儿随从。这个是不遵妇道了。"

那女子笑吟吟，忙陪俏语⑥道："师父，我丈夫在山北四里，带几个客子⑦锄田。这是奴奴煮的午饭，送与那些人吃的。只为五黄六月，无人使唤，父母又年老，所以亲身来送。忽遇三位远来，却思父母好善，故将此饭斋僧。如不弃嫌，愿表芹献⑧。"三藏道："善哉！善哉！我有徒弟摘果子去了，就来。我不敢吃；假如我和尚吃了你饭，你丈夫晓得，骂你，却不罪坐贫僧也？"那女子见唐僧不肯吃，却又满面春生道："师父啊，我父母斋僧，还是小可；我丈夫更是个善人，一生好的是修桥补路，爱老怜贫。但听见说这饭送与师父吃了，他与我夫妻情上，比寻常更是不同。"三藏也只是不吃。旁边子恼坏了八戒。那果子努着嘴，口里埋怨道："天下和尚也无数，不曾像我这个老和尚罢软⑨！现成的饭三分倒不吃，只等那猴子来，做四分才吃！"他不容分说，一嘴把个罐子拱倒，就要动口。

只见那行者自南山顶上，摘了几个桃子，托着钵盂，一筋斗，点将回来；睁火眼金睛观看，认得那女子是个妖精。放下钵盂，挈铁棒，当头就打。唬得个长老用手扯住道："悟空！你走将来打谁？"行者道："师父，你面前这个女子，莫当作个好人；他是个妖精，要来骗你哩。"三藏道："你这猴头，当时倒也有些眼力，今日如何乱道！这女菩萨有此善心，将这饭要斋我等，你怎么说他是个妖精？"行者笑道："师父，你那里认得。老孙在水帘洞里做妖魔时，若想人肉吃，便是这等：或变金银，或变庄台，或变醉人，或变女色。有那等痴心的，爱上我，我就迷他到洞里，尽意随心，或蒸或煮受用；吃不了，还要晒干了防天阴哩！师父，我若来迟，你定入他套子，遭他毒手！"那唐僧那里肯信，只说是个好人。行者道："师父，我知道你了，你见他那等容貌，必然动了凡心。若果有此意，叫八戒伐几棵树来，沙僧寻些草来，我做木匠，就在这里搭个窝铺，你与他圆房成事，我们大家散了，却不是件事业？何必又跋涉，取甚经去！"那长老原是个软善的人，那里吃得他这句言语，羞得个光头彻耳通红。

三藏正在此羞惭，行者又发起性来，挈铁棒，望妖精劈脸一下。那怪物有些手段，使个"解尸法"，见行者棍子来时，他却抖擞精神，预先走了，把一个假尸首打死在地下。唬得个长老战战兢兢，口中作念道："这猴着然^⑩无礼！屡劝不从，无故伤人性命！"行者道："师父莫怪，你且来看看这罐子里是甚东西。"沙僧挽着长老，近前看时，那里是甚香米饭，却是一罐子拖尾巴的长蛆；也不是面筋，却是几个青蛙、癞虾蟆，满地乱跳。长老才有三分信了，怎禁猪八戒气不忿，在旁漏八分唆嘴道："师父，说起这个女子，他是此间农妇，因为送饭下田，路遇我等，却怎么栽他是个妖怪？哥哥的棍重，走将来试手打他一下，不期就打杀了；怕你念甚么《紧箍儿咒》，故意的使个障眼法儿，变作这等样东西，演幌你眼，使不念咒哩。"

三藏自此一言，就是晦气到了。果然信那呆子撺唆，手中捻诀，口里念咒。行者就叫："头疼！头疼！莫念！莫念！有话便说。"唐僧道："有甚话说！出家人时时常要方便，念念不离善心，扫地恐伤蝼蚁命，爱惜飞蛾纱罩灯。你怎么步步行凶！打死这个无故平人，取将经来何用？你回去罢！"行者道："师父，你教我回那里去？"唐僧道："我不要你做徒弟。"行者道："你不要我做徒弟，只怕你西天路去不成。"唐僧道："我命在天，该那个妖精蒸了吃，就是煮了，也算不过。终不然，你救得我的大限^⑪？你快回去！"行者道："师父，我回去便也罢了，只是不曾报得你的恩哩。"唐僧道："我与你有甚恩？"那大圣闻言，连忙跪下叩头道："老孙因大闹天宫，致下了伤身之难，被我佛压在两界山，幸观音菩萨与我受了戒行，幸师父救脱吾身；若不与你同上西天，显得我'知恩不报非君子，万古千秋作骂名'！"原来这唐僧是个慈悯的圣僧。他见行者哀告，却也回心转意道："既如此说，且饶你这一次，再休无礼。如若仍前作恶，这咒语颠倒就念二十遍！"行者道："三十遍也由你，只是我不打人了。"却才伏侍唐僧上马，又将摘来桃子奉上。唐僧在马上也吃了几个，权且充饥。

却说那妖精，脱命升空。原来行者那一棒不曾打杀妖精，妖精出神^⑫去了。他在那云端里，咬牙切齿，暗恨行者道："几年只闻得讲他手段，今日果然话不虚传。那唐僧已此不认得我，将要吃饭。若低头闻一闻，我就一把捞住，却不是我的人了？不期被他走来，弄破我这勾当，又几乎被他打了一棒。若饶了这个和尚，诚然是劳而无功也，我还下去戏他一戏。"

好妖精，按落阴云，在那前山坡下，摇身一变，变作个老妇人，年满八旬，手拄着一根弯头竹杖，一步一声的哭着走来。八戒见了，大惊道："师父！不好了！那妈妈来寻人了！"唐僧道："寻甚人？"八戒道："师兄打杀的，定是他女儿。这个定是他娘寻将来了。"行者道："兄弟莫要胡说！那女子十八岁，这老妇有八十岁，怎么六十多岁还生产？断乎是个假的，等老孙去看来。"好行者，拽开步，走近前观看，那怪物：

假变一婆婆，两鬓如冰雪。走路慢腾腾，行步虚怯怯。弱体瘦伶仃，脸如枯菜叶。颧骨望上翘，嘴唇往下别。老年不比少年时，满脸都是荷叶褶。

行者认得他是妖精，更不理论，举棒照头便打。那怪见棍子起时，依然抖擞，又出化了元神，脱真去了，把个假尸首又打死在山路之下。

唐僧一见，惊下马来，睡在路旁，更无二话，只是把《紧箍儿咒》颠倒足足念了二十遍。可怜把个行者头，勒得似个亚腰儿⑬葫芦，十分疼痛难忍，滚将来哀告道："师父莫念了！有甚话说了罢！"唐僧道："有甚话说！出家人耳听善言，不堕地狱。我这般劝化你，你怎么只是行凶？把平人打死一个，又打死一个，此是何说？"行者道："他是妖精。"唐僧道："这个猴子胡说！就有这许多妖怪！你是个无心向善之辈，有意作恶之人，你去罢！"行者道："师父又教我去？回去便也回去了，只是一件不相应。"唐僧道："你有甚么不相应处？"八戒道："师父，他要和你分行李哩。跟着你做了这几年和尚，不成空着手回去？你把那包袱里的甚么旧偏衫，破帽子，分两件与他罢。"

行者闻言，气得暴跳道："我把你这个尖嘴的夯货！老孙一向秉教沙门，更无一毫嫉妒之意，贪恋之心，怎么要分甚么行李？"唐僧道："你既不嫉妒贪恋，如何不去？"行者道："实不瞒师父说，老孙五百年前，居花果山水帘洞大展英雄之际，收降七十二洞邪魔，手下有四万七千群怪，头戴的是紫金冠，身穿的是赭黄袍，腰系的是蓝田带，足踏的是步云履，手执的是如意金箍棒，着实也曾为人。自从涅槃⑭罪度，削发秉正沙门，跟你做了徒弟，把这个金箍勒在我头上，若回去，却也难见故乡人。师父果若不要我，把那个《松箍儿咒》念一念，退下这个箍子，交付与你，套在别人头上，我就快活相应了，也是跟你一场。莫不成这些人意儿也没有了？"唐僧大惊道："悟空，我当时只是菩萨暗受一卷《紧箍儿咒》，却没有甚么《松箍儿咒》。"行者道："若无《松箍儿咒》，你还带我去走走罢。"长老又没奈何道："你且起来，我再饶你这一次，却不可再行凶了。"行者道："再不敢了，再不敢了。"又伏侍师父上马，剖路前进。

却说那妖精，原来行者第二棍也不曾打杀他。那怪物在半空中，夸奖不尽道："好个猴王，着然有眼！我那般变了去，他也还认得我。这些和尚，他去得快，若过此山，西下四十里，就不伏我所管了。若是被别处妖魔捞了去，好道就笑破他人口，使碎自家心。我还下去戏他一戏。"好妖怪，按耸阴风，在山坡下摇身一变，变作一个老公公，真个是：

白发如彭祖，苍髯赛寿星。耳中鸣玉磬，眼里幌金星。手拄龙头拐，身穿鹤氅轻。数珠掐在手，口诵南无经。

唐僧在马上见了，心中欢喜道："阿弥陀佛！西方真是福地！那公公路也走不上来，逼法的还念经哩。"八戒道："师父，你且莫要夸奖，那个是祸的根哩。"唐僧道："怎么是祸根？"八戒道："行者打杀他的女儿，又打杀他的婆子，这个正是他的老儿寻将来了。我们若撞在他的怀里呵，师父，你便偿命，该个死罪；把老猪为从，问个充军；沙僧喝令，问个摆站⑮；那行者使个遁法走了，却不苦了我们三个顶缸？"行者听见道："这个呆根，这等胡说，可不唬了师父？等老孙再去看看。"

他把棍藏在身边，走上前，迎着怪物，叫声："老官儿，往那里去？怎么又走路，又念经？"那妖精错认了定盘星⑯，把孙大圣也当作个等闲的，遂答道："长老啊，我老汉祖居此地，一生好善斋僧，看经念佛。命里无儿，止生得一个小女，招了个女婿，今早送饭下田，想是遭逢虎口。老妻先来找寻，也不见回去，全然不知下落，老汉特来寻看。果然是伤残他命，也没奈何，将他骸骨收拾回去，安葬茔中。"行者笑道："我是个做虎的祖宗，你怎么袖子里笼了个鬼儿来哄我？你瞒了诸人，瞒不过我！我认得你是个妖精！"那妖精唬得顿口无言。行者掣出棒来，自忖思道："若要不打他，显得他倒弄个风儿；若要打他，又怕师父念那话儿咒语。"又思量道："不打杀他，他一时间抄空儿把师父捞了去，却不又费心劳力去救他？……还打的是！就一棍子打杀他，师父念起那咒，常言道：'虎毒不吃儿。'凭着我巧言花语，嘴伶舌便，哄他一哄，好道也罢了。"

好大圣，念动咒语，叫当坊土地、本处山神道："这妖精三番来戏弄我师父，这一番却要打杀他。你与我在半空中作证，不许走了。"众神听令，谁敢不从？都在云端里照应。那大圣棍起处，打倒妖魔，才断绝了灵光。

那唐僧在马上，又唬得战战兢兢，口不能言。八戒在旁边又笑道："好行者！风发了！只行了半日路，倒打死三个人！"唐僧正要念咒，行者急到马前，叫道："师父，莫念！莫念！你且来看看他的模样。"却是一堆粉骷髅在那里。唐僧大惊道："悟空，这个人才死了，怎么就化作一堆骷髅？"行者道："他是个潜灵作怪的僵尸，在此迷人败本，被我打杀，他就现了本相。他那脊梁上有一行字，叫作'白骨夫人'。"唐僧闻说，倒也信了，怎禁那八戒旁边唆嘴道："师父，他的手重棍凶，把人打死，只怕你念那话儿，故意变化这个模样，掩你的眼目哩！"唐僧果然耳软⑰，又信了他，随复念起。行者禁不得疼痛，跪于路旁，只叫："莫念！莫念！有话快说了罢！"唐僧道："猴头！还有甚说话！出家人行善，如春园之草，不见其长，日有所增；行恶之人，如磨刀之石，不见其损，日有所亏。你在这荒郊野外，一连打死三人，还是无人检举，没有对头；倘到城市之中，人烟凑集之所，你拿了那哭丧棒，一时不知好歹，乱打起人来，撞出大祸，教我怎的脱身？你回去罢！"行者道："师父错怪了我也。这厮分明是个妖魔，他实有心害你。我倒打死他，替你除了害，你却不认得，反信了那呆子谗言冷语，屡次逐我。常言道："事不过三。'我若不去，真是个下流无耻之徒。我去！我去！——去便去了，只是你手下无人。"唐僧发怒道："这泼猴越发无礼！看起来，只你是人，那悟能、悟净就不是人？"

那大圣一闻得说他两个是人，止不住伤情凄惨，对唐僧道声："苦啊！你那时节，出了长安，有刘伯钦送你上路；到两界山，救我出来，投拜你为师。我曾穿古洞，入深林，擒魔捉怪，收八戒，得沙僧，吃尽千辛万苦，今日昧着惺惺使糊涂，只教我回去。这才是'鸟尽弓藏，兔死狗烹！'——罢！罢！罢！但只是多了那《紧箍儿咒》。"唐僧道："我再不念了。"行者道："这个难说，若到那毒魔苦难处不得脱身，八戒、沙僧救不得你，那时节，想起我来，忍不住又念诵起来，就是十万里路，我的头也是疼的；假如再来见你，不如不作此意。"

唐僧见他言言语语，越添恼怒，滚鞍下马来，叫沙僧包袱内取出纸笔，即于涧下取水，石上磨墨，写了一纸贬书，递于行者道："猴头！执此为照！再不要你做徒弟了！如再与你相见，我就堕了阿鼻地狱⑱！"

注 释

①钵盂（bō yú）：古代僧人的食器，底平，口略小，形较扁。

②金莲：旧指缠足妇女的小脚。

③觌（dí）面：当面，迎面。

④嘈（cáo）：肠胃不适应，口冒酸水。

⑤圣经：指《论语》。

⑥俏语：俏皮话。

⑦客子（kè zǐ）：雇工，佣工，客作。

⑧芹献：谦称赠人的礼品菲薄或所提的建议浅陋。

⑨罢软（pí ruǎn）：没有主见，做事颠倒。

⑩着然：果然，实在。

⑪大限：寿数，死期。

⑫出神：元神脱离自身的躯体。

⑬亚腰儿：形容中间细、两头粗的样子。亚，通"压"。

⑭涅槃（niè pán）：佛教全部修习所要达到的最高理想，一般指超脱生死轮回的境界。

⑮摆站：古时判刑的人被发配到指定的地方去服劳役。

⑯错认了定盘星：做出了错误的判断。

⑰耳软：指容易轻信别人的话。

⑱阿鼻地狱：佛教语中最深层的地狱，是犯了重罪的人死后灵魂永远受苦的地方。

品读与赏析📖

唐僧在白骨精的一次次变化迷惑面前滥发善心，误中诡计，幸亏都被孙悟空及时识破，并予以毫不留情的痛打，使白骨精现了原形。但唐僧仍听信猪八戒的谗言，一味执迷不悟，写下贬书，断绝了师徒关系，赶走了孙悟空。突出表现了唐僧慈悲过度、真假不辨、善恶不分的性格特征。

孙行者一调芭蕉扇

却说那行者霎时径到翠云山，按住祥光，正自找寻洞口，忽然闻得丁丁之声，乃是山林内一个樵夫伐木。行者即趋步至前，又闻得他道：

"云际依依认旧林，断崖荒草路难寻。西山望见朝来雨，南涧归时渡处深。"

行者近前作礼道："樵哥，问讯了。"那樵子撇了柯斧，答礼道："长老何往？"行者道："敢问樵哥，这可是翠云山？"樵子道："正是。"行者道："有个铁扇仙的芭蕉洞，在何处？"樵子笑道："这芭蕉洞虽有，却无个铁扇仙，只有个铁扇公主，又名罗刹女。"行者道："人言他有一柄芭蕉扇，能熄得火焰山，敢是他么？"樵子道："正是，正是。这圣贤有这件宝贝，善能熄火，保护那方人家，故此称为铁扇仙。我这里人家用不着他，只知他叫作罗刹女，乃大力牛魔王妻也。"行者闻言，大惊失色，心中暗想道："又是冤家了！当年伏了红孩儿，说是这厮养的。前在那解阳山破儿洞遇他叔子，尚且不肯与水，要作报仇之意；今又遇他父母，怎生借得这扇子耶？"樵子见行者沉思默虑，嗟叹不已，便笑道："长老，你出家人，有何忧疑？这条小路向东去，不上五六里，就是芭蕉洞，休得心焦。"行者道："不瞒樵哥说，我是东土唐朝差往西天求经的唐僧大徒弟。前年在火云洞，曾与罗刹之子红孩儿有些言语①，但恐罗刹怀仇不与，故生忧疑。"樵子道："大丈夫鉴貌辨色，只以求扇为名，莫认往时之溲话②，管情③借得。"行者闻言，深深唱个大喏道："谢樵哥教诲。我去也。"

遂别了樵夫，径至芭蕉洞口。但见那两扇门紧闭牢关，洞外风光秀丽。好去处！正是那：

山以石为骨，石作土之精。烟霞含宿润，苔藓助新青。嵯峨势耸欺蓬岛，幽静花香若海瀛。几树乔松栖野鹤，数株衰柳语山莺。诚然是千年古迹，万载仙踪。碧梧鸣彩凤，活水隐苍龙。曲径荜萝垂挂，石梯藤葛攀笼。猿啸翠岩忻月上，鸟啼高树喜晴空。两林竹荫凉如雨，一径花浓没绣绒。时见白云来远岫，略无定体漫随风。

行者上前叫："牛大哥，开门！开门！"呀的一声，洞门开了，里边走出一个毛女，手中提着花篮，肩上担着锄子，真个是一身褴褛无妆饰，满面精神有道心。行者上前迎着，合掌道："女童，累你转报公主一声。我本是取经的和尚，在西方路上，难过火焰山，特来拜借芭蕉扇一用。"那毛女道："你是那寺里和尚？叫甚名字？我好与你通报。"行者道："我是东土来的，叫作孙悟空和尚。"

那毛女即便回身，转于洞内，对罗刹跪下道："奶奶，洞门外有个东土来的孙悟空和尚，要见奶奶，拜求芭蕉扇，过火焰山一用。"那罗刹听见"孙悟空"三字，便似撮盐入火④，火上浇油，骨都都红生脸上，恶狠狠怒发心头，口中骂道："这泼猴！今日来了！"叫："丫鬟，取披挂，拿兵器来！"随即取了披挂，拿两口青锋宝剑，整束出来。行者在洞外闪过，偷看怎生打扮。只见他：

头裹团花手帕，身穿纳锦云袍。腰间双束虎筋绦，微露绣裙偏绡。凤嘴弓鞋三寸，龙须膝裤金销。手提宝剑怒声高，凶比月婆容貌。

那罗刹出门，高叫道："孙悟空何在？"行者上前，躬身施礼道："嫂嫂，老孙在此奉揖。"罗刹咄的一声道："谁是你的嫂嫂！那个要你奉揖！"行者道："尊府牛魔王，当初曾与老孙结义，乃七兄弟之亲。今闻公主是牛大哥令正⑤，安得不以嫂嫂称之！"罗刹道："你这泼猴！既有兄弟之亲，如何坑陷我子？"行者佯问道："令郎是谁？"罗刹道："我儿是号山枯松涧火云洞圣婴大王红孩儿，被你倾⑥了。我们正没处寻你报仇，你今上门纳命，我肯饶你！"行者满脸陪笑道："嫂嫂原来不察理，错怪了老孙。你令郎因是捉了师父，要蒸要煮，幸亏了观音菩萨收他去，救出我师。他如今现在菩萨处做善财童子，实受了菩萨正果，不生不灭，不垢不净，与天地同寿，日月同庚。你倒不谢老孙保命之恩，反怪老孙，是何道理！"罗刹道："你这个巧嘴的泼猴！我那儿虽不伤命，再怎生得到我的跟前，几时能见一面？"行者笑道："嫂嫂要见令郎，有何难处？你且把扇子借我，扇熄了火，送我师父过去，我就到南海菩萨处请他来见你，就送扇子还你，有何不可！那时节，你看他可曾损伤一毫。如有些须之伤，你也怪得有理。如比旧时标致⑦，还当谢我。"罗刹道："泼猴！少要饶舌！伸过头来，等我砍上几剑！若受得疼痛，就借扇子与你；若忍耐不得，教你早见阎君！"行者叉手向前，笑道："嫂嫂切莫多言。老孙伸着光头，任尊意砍上多少，但没气力便罢。是必借扇子用用。"那罗刹不容分说，双手轮剑，照行者头上乒乒乓乓，砍有十数下，这行者全不认真。罗刹害怕，回头要走。行者道："嫂嫂，那里去？快借我使使！"那罗刹道："我的宝贝原不轻借。"行者道："既不肯借，吃你老叔一棒！"好猴王，一只手扯住，一只手去耳内擎出棒来，幌一幌，有碗来粗细。那罗刹挣脱手，举剑来迎。行者随又轮棒便打。两个在翠云山前，不论亲情，却只讲仇隙。这一场好杀：

裙钗①本是修成怪，为子怀仇恨泼猴。行者虽然生狠怒，因师路阻让娥流。先言拜借芭蕉扇，不展骁雄耐性柔。罗刹无知轮剑砍，猴王有意说亲由。女流怎与男儿斗，到底男刚压女流。这个金箍铁棒多凶猛，那个霜刃青锋甚紧稠。劈面打，照头丢，恨苦相持不罢休。左挡右遮施武艺，前迎后架骋奇谋。却才斗到沉酣处，不觉西方坠日头。罗刹忙将真扇子，一扇挥动鬼神愁！

那罗刹女与行者相持到晚，见行者棒重，却又解数周密，料斗他不过，即便取出芭蕉扇，幌一幌，一扇阴风，把行者扇得无影无形，莫想收留得住。这罗刹得胜回归。

那大圣飘飘荡荡，左沉不能落地，右坠不得存身，就如旋风翻败叶，流水淌残花。滚了一夜，直至天明，方才落在一座山上，双手抱住一块峰石。定性良久，仔细观看，却才认得是小须弥山。大圣长叹一声道："好利害妇人！怎么就把老孙送到这里来了？我当年曾记得在此处告求灵吉菩萨降黄风怪救我师父。那黄风岭至此直南上有三千余里，今在西路转来，乃东南方隅，不知有几万里。等我下去问灵吉菩萨一个消息，好回旧路。"

正踌躇间，又听得钟声响亮，急下山坡，径至禅院。那门前道人认得行者的形容，即入里面报道："前年来请菩萨去降黄风怪的那个毛脸大圣又来了。"菩萨知是悟空，连忙下宝座相迎，入内施礼道："恭喜！取经来耶？"悟空答道："正好未到！早哩，早哩！"灵吉道："既未曾得到雷音，何以回顾荒山②？"行者道："自上年蒙盛情降了黄风怪，一路上不知历过多少苦楚。今到火焰山，不能前进。询问土人，说有个铁扇仙芭蕉扇，扇得火灭。老孙特去寻访，原来那仙是牛魔王的妻，红孩儿的母。他说我把他儿子做了观音菩萨的童子，不得常见，跟我为仇，不肯借扇，与我争斗。他见我的棒重难撑，遂将扇子把我一扇，扇得我悠悠荡荡，直至于此，方才落住。故此轻造禅院，问个归路。此处到火焰山，不知有多少里数？"灵吉笑道："那妇人唤名罗刹女，又叫作铁扇公主。他的那芭蕉扇本是昆仑山后自混沌开辟以来，天地产成的一个灵宝，乃太阴之精叶，故能灭火气。假若扇着人，要飘八万四千里，方息阴风。我这山到火焰山，只有五万馀里，此还是大圣有留云之能，故止住了。若是凡人，正好不得住也。"行者道："利害！利害！我师父却怎生得度那方？"灵吉道："大圣放心，此一来，也是唐僧的缘法，合教大圣成功。"行者道："怎见成功？"灵吉道："我当年受如来教旨，赐我一粒定风丹，一柄飞龙杖。飞龙杖已降了风魔，这定风丹尚未曾见用，如今送了大圣，管教那厮扇你不动。你却要了扇子，扇熄火，却不就立此功也？"行者低头作礼，感谢不尽。那菩萨即于衣袖中取出一个锦袋儿，将那一粒定风丹与行者安在衣领里边，将针线紧紧缝了。送行者出门，道："不及留款⑩。往西北上去，就是罗刹的山场也。"

行者辞了灵吉，驾筋斗云，径返翠云山，顷刻而至。使铁棒打着洞门叫道："开门！开门！老孙来借扇子使使哩！"慌得那门里女童即忙来报："奶奶，借扇子的又来了！"罗刹闻言，心中悚惧道："这泼猴真有本事！我的宝贝扇着人，要去八万四千里方能停止，他怎么才吹去就回来也？这番等我一连扇他两三扇，教他找不着归路！"急纵身，结束整齐，双手提剑，走出门来道："孙行者！你不怕我，又来寻死！"行者笑道："嫂嫂勿得悭吝⑪，是必借我使使。保得唐僧过山，就送还你。我是个志诚有馀的君子，不是那借物不还的小人。"罗刹又骂道："泼猢狲！好没道理，没分晓！夺子之仇，尚未报得；借扇之意，岂得如心！你不要走！吃我老娘一剑！"大圣公然不惧，使铁棒劈手相迎。他两个往往来来，战经五七回合，罗刹女手软难轮，孙行者身强善敌。他见事势不谐，即取扇子，望行者扇了一扇，行者巍然不动。行者收了铁棒，笑吟吟的道："这番不比那番！任你怎么扇来，老孙若动一动，就不算汉子！"那罗刹又扇两扇，果然不动。罗刹慌了，急收宝贝，转回走入洞里，将门紧紧关上。

　　行者见他闭了门，却就弄个手段，拆开衣领，把定风丹噙在口中，摇身一变，变作一个蟭蟟虫儿，从他门隙处钻进。只见罗刹叫道："渴了！渴了！快拿茶来！"近侍女童，即将香茶一壶，沙沙的满斟一碗，冲起茶沫漕漕。行者见了欢喜，嘤的一翅，飞在茶沫之下。那罗刹渴极，接过茶，两三气都喝了。行者已到他肚腹之内，现原身厉声高叫道："嫂嫂，借扇子我使使！"罗刹大惊失色，叫："小的们，关了前门否？"俱说："关了。"他又说："既关了门，孙行者如何在家里叫唤？"女童道："在你身上叫哩。"罗刹道："孙行者，你在那里弄术⑫哩？"行者道："老孙一生不会弄术，都是些真手段，实本事，已在尊嫂尊腹之内耍子，已见其肺肝矣。我知你也饥渴了，我先送你个坐碗儿解渴！"却就把脚往下一蹬。那罗刹小腹之中，疼痛难禁，坐于地下叫苦。行者道："嫂嫂休得推辞，我再送你个点心充饥！"又把头往上一顶。那罗刹心痛难禁，只在地上打滚，疼得他面黄唇白，只叫"孙叔叔饶命！"行者却才收了手脚道："你才认得叔叔么？我看牛大哥情上，且饶你性命，快将扇子拿来我使使。"罗刹道："叔叔，有扇！有扇！你出来拿了去！"行者道："拿扇子我看了出来。"罗刹即叫女童拿一柄芭蕉扇，执在旁边。行者探到喉咙之上见了，道："嫂嫂，我既饶你性命，不在腰肋之下搠个窟窿出来，还自口出。你把口张三张儿。"那罗刹果张开口。行者还做个蟭蟟虫儿，先飞出来，钉在芭蕉扇上。那罗刹不知，连张三次，叫："叔叔出来罢。"行者化原身，拿了扇子，叫道："我在此间不是？谢借了！谢借了！"拽开步，往前便走。小的们连忙开了门，放他出洞。

　　这大圣拨转云头，径回东路。霎时按落云头，立在红砖壁下。八戒见了欢喜道："师父，师兄来了！来了！"三藏即与本庄老者同沙僧出门接着，同至舍内。把芭蕉扇靠在旁边道："老官儿，可是这个扇子？"老者道："正是！正是！"唐僧喜道："贤徒有莫大之功，求此宝贝，甚劳苦了。"行者道："劳苦倒也不说。那铁扇仙，你道是谁？那厮原来是牛魔王的妻，红孩儿的母，名唤罗刹女，又唤铁扇公主。我寻到洞外借扇，他就与我讲起仇隙，把我砍了几剑。是我使棒吓他，他就把扇子扇了我一下，飘飘荡荡，直刮到小须弥山。幸见灵吉菩萨，送了我一粒定风丹，指与归路，复至翠云山。又见罗刹女，罗刹女又使扇子，扇我不动，他就回洞。是老孙变作一个蟭蟟虫儿，飞入洞去。那厮正讨茶吃，是我又钻在茶沫之下，到他肚里，做起手脚。他疼痛难禁，不住口的叫我作叔叔饶命，情愿将扇借与我，我却饶了他，拿将扇来。待过了火焰山，仍送还他。"三藏闻言，感谢不尽。师徒们俱拜辞老者。

一路西来，约行有四十里远近，渐渐酷热蒸人。沙僧只叫："脚底烙得慌！"八戒又道："爪子烫得痛！"马比寻常又快，只因地热难停，十分难进。行者道："师父且请下马。兄弟们莫走，等我扇熄了火，待风雨之后，地土冷些，再过山去。"行者果举扇，径至火边，尽力一扇，那山上火光烘烘腾起；再一扇，更着百倍；又一扇，那火足有千丈之高，渐渐烧着身体。行者急回，已将两股毫毛烧净，径跑至唐僧面前叫："快回去，快回去！火来了，火来了！"那师父爬上马，与八戒、沙僧，复东来有二十馀里，方才歇下道："悟空，如何了呀！"行者丢下扇子道："不停当！不停当！被那厮哄了！"

注 释

①言语：旧怨，宿怨。

②溲（sōu）话：指过时、不顶用的老话。

③管情：一定，肯定。

④撮（cuō）盐入火：盐一放入火中就会爆裂，比喻性情急躁。

⑤令正：旧时称嫡妻为正室，此处为称对方嫡妻的敬辞。

⑥倾：陷害。

⑦标致：外表、风度等接近完美或理想境界。

⑧裙钗（qún chāi）：裙子与头钗都是妇女的衣饰，旧时借指妇女。

⑨荒山：对自己住处的谦称。

⑩留款：挽留，款待。

⑪悭吝（qiān lìn）：吝啬，小气。

⑫弄术：施法术，耍手段。

品读与赏析📖

　　选文讲述了这样的故事：唐僧师徒四人西行途中受阻火焰山，孙悟空向牛魔王的妻子罗刹女借芭蕉扇。罗刹女因其子红孩儿被孙悟空降伏，一扇子将孙悟空扇到五万多里外的灵吉菩萨处。孙悟空得到灵吉菩萨的定风丹后再次索战，罗刹女用芭蕉扇就扇不动他了。悟空变成虫子入洞，飞到茶水中，被罗刹女饮入肚中。悟空在罗刹女腹内翻腾，罗刹女只得将扇子借给孙悟空。悟空来到火焰山下，用扇一扇，火不仅没熄灭，反而更加猛烈，这才明白借到的是假芭蕉扇。选文突出表现了孙悟空聪明过人、勇敢无畏的特征。

第4课：中考名著常考
考点归纳与解析2-2

考题点击

① （2018年江苏盐城卷）

阅读《西游记》选段，根据原著填空。

①众神道："说起他来，或者大圣也知道。他是＿＿＿＿＿的儿子，铁扇公主养的。他曾在火焰山修行了三百年，炼成了＿＿＿＿＿，却也神通广大……乳名叫作＿＿＿＿＿，号叫作圣婴大王。"

②行者满脸陪笑道："嫂嫂原来不察理，错怪了老孙。你令郎因是捉了师父，要蒸要煮，幸亏了＿＿＿＿＿菩萨收他去，救出我师。他如今现在菩萨处做＿＿＿＿＿＿，实受了菩萨正果，不生不灭，不垢不净，与天地同寿，日月同庚。"

② （2018年江苏泰州卷）

阅读《西游记》片段，完成填空。

那猴道："你可是东土大王差往西天取经去的么？"……三藏闻言，满心欢喜，道："你虽有此善心，又蒙A教诲，愿入沙门，只是我又没斧凿，如何救得你出？"那猴道："不用斧凿……"

"此善心"具体指＿＿＿＿＿＿＿＿＿，A是＿＿＿＿＿＿（人物），三藏救得那猴出来的方法是＿＿＿＿＿＿＿＿＿＿＿。

③ （2018年安徽卷）

运用课外阅读积累的知识，完成下题。

"却说那【甲】久坐林间，盼望行者不到，将行李搭在马上，一只手执着降妖宝杖，一只手牵着缰绳，出松林向南观看。"

上面文字中【甲】指的是《西游记》中的＿＿＿＿＿＿＿，他忠心耿耿，任劳任怨，终成正果，受封为＿＿＿＿＿＿＿＿＿＿。

❹（2018年江苏扬州卷）

请根据《西游记》中悟空和唐僧之间关系变化过程填空。

五行山获救，师徒结缘→①＿＿＿＿＿＿，师徒心生嫌隙→中计戴上紧箍咒，师徒关系始稳定→②＿＿＿＿＿＿，师徒关系"破裂"→战黄袍怪救回师父，师徒彼此慢慢信任→③＿＿＿＿＿，师徒关系再次"破裂"→观音指出假悟空，④＿＿＿＿＿。

❺（2018年广西桂林卷）

课外读积累。

回得五庄观，那大仙又让道童抬一大锅油出来，架起干柴，发起烈火。顷刻间，那油锅热腾腾。大圣见那台下西边有一个石狮子，便咬破舌尖，把石狮子喷了一口，叫声"变"，变作他本身模样。油锅滚透后，大仙说："把孙行者抬下去！"二十个小仙扛将起来，往锅里一掼，"砰"的一声响，溅起些滚油点子，把那小道士们脸上烫了几个燎浆大泡！只听得烧火的小童喊道："锅漏了！"原来是一个石狮子在锅里。

以上文字出自《西游记》，这位大仙是＿＿＿＿＿＿（名字），他惩治唐僧师徒四人是因为＿＿＿＿＿＿。

❻（2018年海南卷）

阅读下面的名著选段，按要求答题。

忽一日，开炉取丹。那　A　双手捂着眼，正自搓揉流涕，只听得炉头声响。猛睁睛看见光明，他就忍不住将身一纵，跳出丹炉，唿喇一声，蹬倒八卦炉，往外就走。慌得那架火、看炉与丁甲一班人来扯，被他一个个都放倒，好似癫痫的白额虎，疯狂的独角龙。老君赶上抓一把，被他一捽（zuó），捽了个倒栽葱，脱身走了。即去耳中掣出如意棒，迎风幌一幌，碗来粗细，依然拿在手中，不分好歹，却又大乱天宫，打得那九曜（yào）星闭门闭户，四天王无影无踪。

（1）选段中的A所指的人物是_____。

（2）本名著中，与人物A有关的故事还有_____（写出一个即可）。

❼（2018年江苏镇江卷）

阅读《西游记》选段，回答问题。

好妖精，按落阴云，在那前山坡下，摇身一变，变作个老妇人，年满八旬，手拄一根弯头竹杖，一步一声的哭着走来。八戒见了，大惊道："师父！不好了！那妈妈来寻人了！"……

行者道："兄弟莫要胡说！……断乎是个假的，等老孙去看来。"

（1）八戒认为"那妈妈"来找谁？

_____

（2）悟空认为八戒是"胡说"。请说出悟空的理由。

_____

_____

❽（2017年湖南衡阳卷）

阅读下面一段话，回答问题。

裙钗本是修成怪，为子怀仇恨泼猴。行者虽然生狠怒，因师路阻让娥流。……罗刹无知轮剑砍，猴王有意说亲由。女流怎与男儿斗，到底男刚压女流。这个金箍铁棒多凶猛，那个霜刃青锋甚紧绸。劈面打，照头丢，恨苦相持不罢休。

（1）这段文字节选自_____（人名）创作的《_____》（作品）。

（2）文中的"裙钗"指的是谁？她因何"为子怀仇恨泼猴"？

_____

_____

⑨（2017年山西卷）

青春正是读书时，经典名著尤其值得一读再读。下面有关《西游记》的情节，表述有误的一项是（　　）

A. 在斜月三星洞，菩提祖师给美猴王起名"孙悟空"。

B. 唐僧西天取经，出发时唐太宗送给他一个紫金钵盂，做途中化斋之用。

C. 沙悟净在流沙河拜唐僧为师，成为唐僧的三徒弟。

D. 过火焰山时，猪八戒大战红孩儿，为最后降伏红孩儿做出很大贡献。

⑩（2017年山东烟台卷）

名著阅读。

行者连忙接了贬书道："师父，不消发誓，老孙去罢。"他将书摺了，留在袖中，却又软款道："师父，我也是跟你一场，又蒙菩萨指教，今日半途而废，不曾成得功果。你请坐，受我一拜，我也去得放心。"师傅转回身不睬，口里唧唧哝哝道："我是个好和尚，不受你歹人的礼！"行者见他不睬，又使个身外法，把脑后毫毛拔了三根，吹口仙气，叫："变！"即变了三个行者，连本身四个，四面围住师父下拜。那长老左右躲不脱，好道也受了一拜。

大圣跳起来，把身一抖，收上毫毛，却又吩咐沙僧道："贤弟，你是个好人，却只要留心防着八戒言语，途中更要仔细。倘一时有妖精拿住师父，你就说老孙是他大徒弟。西方毛怪，闻我的手段，不敢伤我师父。"唐僧道："我是个好和尚，不题你这歹人的名字，你回去罢。"那大圣见长老三番两覆，不肯转意回心，没奈何才去。你看他：噙泪叩头辞长老，含悲留意嘱沙僧。

选段中唐僧赶走悟空的原因是（　　）

A. 悟空打死了六个强盗。

B. 悟空三次打死白骨精幻化的人。

C. 假悟空打倒唐僧，抢走了行李。

D. 悟空发怒毁掉了人参果树。

⑪（2018年吉林卷）

阅读下面语段，回答问题。

八戒在旁边又笑道："好行者！风发了！只行了半日路，倒打死三个人！"唐僧正要念咒，行者急到马前，叫道："师父，莫念！莫念！你且来看看他的模样。"却是一堆粉骷髅在那里。唐僧大惊道："悟空，这个人才死了，怎么就化作一堆骷髅？"行者道："他是个潜灵作怪的僵尸，在此迷人败本；被我打杀，他就现了本相。他那脊梁上有一行字，叫作'白骨夫人'。"

（1）选段出自《西游记》，作者是_____。

（2）以上选段内容出自（　　　）

A. 第五回《乱蟠桃大圣偷丹　反天宫诸神捉怪》

B. 第二十七回《尸魔三戏唐三藏　圣僧恨逐美猴王》

C. 第四十七回《圣僧夜阻通天水　金木垂慈救小童》

D. 第九十九回《九九数完魔划尽　三三行满道归根》

（3）你是否喜欢猪八戒这个人物形象？请说明理由。

_____

_____

⑫（2018年江苏无锡卷）

阅读下面的文字，回答问题。

《西游记》第六回中大圣变成一座土地庙，"只有尾巴不好收拾，竖在后面，变作一根旗竿"，被赶到的真君识破真相。

真君是怎样识破大圣变化的？你从这里悟出了什么道理？

_____

_____

⑬（2018年浙江宁波卷）

阅读。

《西游记》目录（摘选）

第 四 回	官封弼马心何足	名注齐天意未宁
第 五 回	乱蟠桃大圣偷丹	反天宫诸神捉怪
第 六 回	观音赴会问原因	小圣施威降大圣
第 七 回	八卦炉中逃大圣	五行山下定心猿
第 十二 回	玄奘秉诚建大会	观音显像化金蝉
第 十四 回	心 猿 归 正	六 贼 无 踪
第 十五 回	蛇盘山诸神暗佑	鹰愁涧意马收缰
第 十七 回	孙行者大闹黑风山	观世音收伏熊黑怪
第 十八 回	观音院唐僧脱难	高老庄大圣除魔
第 十九 回	云栈洞悟空收八戒	浮屠山玄奘受心经
第二十二回	八戒大战流沙河	木叉奉法收悟净

（1）唐僧在何处收谁为徒？检索摘选的目录，按照收徒的顺序填空。

五行山收孙悟空→_____→_____→流沙河收沙悟净

（2）阅读第十四回选段，完成题目。

他见三藏只管绪绪叨叨，按不住心头火发道："你既是这等，说我做不得和尚，上不得西天，不必恁般绪咶恶我，我回去便了！"那三藏却不曾答应，他就使一个性子，将身一纵，说一声"老孙去也！"三藏急抬头，早已不见。只闻得呼的一声，回东而去。

①结合选段中的相关语句分析孙悟空的性格。

_____

_____

②整部小说写到孙悟空三次离开取经团队，选段写的是第一次。请写出孙悟

空另一次离队时的表现，结合选段说明他的成长变化。

_____

_____

⑭（2017年江苏宿迁卷）

阅读《西游记》中的选文，完成题目。

二魔拿入里面道："哥哥，拿来了。"老魔道："拿了谁？"二魔道："者行孙，是我装在葫芦里也。"老魔欢喜道："贤弟请坐。不要动，只等摇得响再揭帖儿。"行者听得道："我这般一个身子，怎么便摇得响？只除化成稀汁，才摇得响。等我撒泡溺罢，他若摇得响时，一定揭帖起盖。我乘空走他娘罢！"又思道："不好不好！溺虽可响，只是污了这直裰。等他摇时，我但聚些唾津漱口，稀漓呼喇的，哄他揭开，老孙再走罢。"大圣做了准备，那怪贪酒不摇。大圣作个法，意思只是哄他来摇，忽然叫道："天呀！孤拐都化了！"

那魔也不摇。大圣又叫道："娘啊！连腰截骨都化了！"老魔道："化至腰时，都化尽矣，揭起帖儿看看。"

（1）联系相关情节，写出孙悟空是怎样从紫金葫芦里出来的。

_____

_____

（2）孙悟空的形象具有神性、人性、猴性，请结合选文或上下文相关情节，分析其人性方面的特点。（说出一点即可）

_____

_____

⑮（2018年江苏连云港卷）

阅读《西游记》片段，完成（1）～（4）题。

海中有一座名山，唤为花果山。那座山正当顶上，有一块仙石。盖自开辟以来，每受天真地秀，日精月华，遂有灵通之意。内育仙胞，一日迸裂，产一石卵，似圆球样大。因见风，化作一个石猴。五官俱备，四肢皆全。那猴在山中，却会行走跳跃。

一朝天气炎热，群猴去那山涧洗澡。见那股涧水奔流，众猴都道："这股水不知是哪里的水。我们顺涧边往上溜头寻看源流，耍子去耶！"直至源流之处，乃是一股瀑布飞泉。众猴拍手道："好水，好水！原来此处远通山脚之下，直接大海之波。"又道："哪一个有本事的，钻进去寻个源头出来不伤身体者，我等即拜他为王。"连呼了三声，忽见丛杂中跳出一个石猴，应声高叫道："我进去，我进去！"

你看他瞑目蹲身，将身一纵，径跳入瀑布泉中，忽睁睛抬头观看，那里边却无水无波，明明朗朗的一架桥梁。他定了神，仔细再看，原来是座铁板桥，桥下之水，冲贯于石窍之间，遮闭了桥门。却又欠身上桥头，再走再看，却似有人家住处一般，真个好所在。

跳过桥中间，只见正当中有一石碣，碣上镌着"花果山福地，水帘洞洞天"大字。石猿喜不自胜，急抽身往外便走，跳出水外，打了两个呵呵道："大造化，大造化！"众猴把他围住问道："里面怎么样？水有多深？"石猴道："没水，没水！桥那边是一座天造地设的家当。"众猴道："怎见得是个家当？"石猴笑道："桥边有花有树，乃是一座石房。房内有石锅石灶、石床石凳，里面且是宽阔，容得千百口老小，真个是我们安身之处。"

众猴欢喜，都道："你带我们进去！"石猴却又瞑目蹲身，往里一跳，叫道："都随我进来！"那些猴也都进去了。……石猿端坐上面道："列位呵，人而无信，不知其可。你们才说有本事进得来，出得去，不伤身体者，就拜他为王。我如今进来又出去，出去又进来，寻了这一个洞天与列位安眠稳睡，何不拜我为王？"众猴听说，即拱伏无违，一个个序齿排班，朝上礼拜，都称"千岁大王"。自此，石猿高登王位，将"石"字儿隐了，遂称美猴王。

（节选自《西游记》第一回，有删改）

（1）概括这段故事的主要内容。

_____

（2）美猴王后来又叫孙悟空，是谁给取的法名？为何姓孙？

_____

（3）按要求赏析文中画线的句子。

　　①你看他瞑目蹲身，将身一纵，径跳入瀑布泉中，忽睁睛抬头观看。（从描写角度）

_____

　　②打了两个呵呵道："大造化，大造化！"（从修辞角度）

_____

（4）石猴的形象兼有"神、猴、人"三性，结合文段内容，试做分析。

_____

_____

16（2018年湖南长沙卷）

　　《西游记》中有一个有趣的现象：被孙悟空直接打死的妖魔鬼怪并不多，被太上老君、菩萨甚至如来佛祖收走的倒是不少。请谈谈你对这个现象的看法。

_____

_____

第5课：中考名著常考
考点归纳与解析3

模拟训练

❶《西游记》中所写天下所分的四大洲分别是：_____、_____、_____、_____。

❷孙悟空的第一个师父是_____，他的兵器原是大禹治水的_____，又唤_____，大闹天宫后被如来佛祖压在_____下；后皈依佛门，唐僧为他取名_____；为西天取经立下汗马功劳，后被封为_____。

❸有人评价《西游记》道："阳光灿烂_____，百变猴头_____，憨厚老成_____；阿弥陀佛是_____。漫漫西天取经路，除妖斗魔显真功。若问是谁谱此画，淮安才子吴承恩。"

❹《西游记》中下列故事情节发生在"黄风岭唐僧有难"之前的一项是（ ）

A. 悟空一借芭蕉扇　　　　B. 车迟国猴王显法

C. 猪八戒义激猴王　　　　D. 八卦炉中逃大圣

❺孙悟空变作（ ）模样奔赴瑶池，大闹"蟠桃会"。

A. 文曲星　　B. 巨灵神　　C. 赤脚大仙　　D. 文殊菩萨

❻下面关于孙悟空的称呼及其得名原因，正确的对应关系是怎样的？请参照示例，完成表格。

①斗战胜佛　　A. 石猴被招安后，玉皇大帝授给他的官职

②齐天大圣　　B. 唐僧收石猴为徒时为他所取的名

③行　者　　C. 唐僧师徒取经成功后，如来佛授给孙悟空的品职

④弼马温　　D. 石猴探水帘洞成功，众猴拜他为王时对他的称呼

⑤千岁大王　　E. 石猴回到花果山后，接受独角鬼王建议所称

称　呼	①	②	③	④	⑤
得名原因	C				

7 唐僧在西天取经的路上先后收了四个徒弟，请写出收徒的地点，再选择其中一个收徒过程并加以简述。

在________收了孙悟空，在鹰愁涧收了白龙马，在________收了猪八戒，在________收了沙僧。

收徒过程：____

____

8《西游记》中的猪八戒形象鲜活，令人捧腹。请从以下四个故事中任选一个，简述与猪八戒相关的故事情节。（80字左右）

①高老庄娶亲　②四圣试禅心　③义激猴王　④盘丝洞受辱

我选______（填序号）。

故事情节：____

____

9 下面是《西游记》第二十三回《三藏不忘本　四圣试禅心》中的颂子。请根据它的提示，简述这一故事，并概括这个故事中八戒的性格特点。

黎山老母不思凡，南海菩萨请下山。

普贤文殊皆是客，化成美女在林间。

圣僧有德还无俗，八戒无禅更有凡。

从此静心须改过，若生怠慢路途难！

简述故事：____

____

性格特点：____

10 阅读《西游记》选段，完成后面的问题。

①那妖魔抵不住猴王，摇身一变，即变得与唐三藏一般模样，并搀手，立

在阶前。这大圣赶上，见一样两个唐僧，实难辨认，只得停手。行者心中不快；又见那八戒在旁冷笑，行者大怒道："你这夯货怎的？如今有两个师父，你有得叫，有得应，有得伏侍哩，你这般欢喜得紧！"八戒笑道："哥啊，说我呆，你比我又呆哩！你且忍些头疼，叫我师父念念那话儿，若不会念的，必是妖怪，有何难也？"行者道："兄弟，正是。"

（节选自《西游记》第三十九回，有删改）

②那老魔道："三贤弟有力量，有智谋，果成妙计，拿将唐僧来了！"叫："小的们，着五个打水，七个刷锅，十个烧火，二十个抬出铁笼来，把那四个和尚蒸熟，我兄弟们受用，各散一块与小的们吃，也教他个个长生。"八戒听见，战兢兢的道："哥哥，你听，那妖精计较要蒸我们吃哩！"行者道："不要怕，等我看他是雏儿妖精，是把势妖精。"又听得二怪说："猪八戒不好蒸。"八戒欢喜道："阿弥陀佛，是那个积阴骘的，说我不好蒸？"三怪道："不好蒸，剥了皮蒸。"八戒慌了，厉声喊道："不要剥皮！粗自粗，汤响就烂了！"老怪道："不好蒸的，安在底下一格。"行者笑道："八戒莫怕，是雏儿，不是把势。"沙僧道："怎么认得？"行者道："大凡蒸东西，都从上边起。不好蒸的，安在上头一格，多烧把火，圆了气，就好了；若安在底下，一住了气，就烧半年也是不得气上的。他说八戒不好蒸，安在底下，不是雏儿是甚的！"八戒道："哥啊，依你说，就活活的弄杀人了！他打紧见不上气，抬开了，把我翻转过来，再烧起火，弄得我两边俱熟，中间不夹生了？"

（节选自《西游记》第七十七回，有删改）

（1）第①段写出了猪八戒_____的一面，这正是：智者千虑，必有一失；_____，_____。

（2）第②段中，唐僧师徒临死之时，不讨论如何逃生，而是讨论死法，语言非常_____，令人忍俊不禁，既缓解了读者的紧张情绪，又暗示了唐僧师徒_____的结局。

⓫阅读下面的文段，完成后面的问题。

唐僧大惊道："悟空，这个人才死了，怎么就化作一堆骷髅？"行者道："他是个潜灵作怪的僵尸，在此迷人败本，被我打杀，他就现了本相。他那脊梁上有一行字，叫作'白骨夫人'。"唐僧闻说，倒也信了；怎禁那八戒旁边唆嘴道："师父，他的手重棍凶，把人打死，只怕你念那话儿，故意变化这个模样，掩你的眼目哩！"唐僧果然耳软，又信了他，随复念起。行者禁不得疼痛，跪于路旁，只叫："莫念！莫念！"唐僧道："猴头，还有甚说话！出家人行善。你在这荒郊野外，一连打死三人，倘到城市之中，人烟凑集之所，撞出大祸，教我怎的脱身？你回去罢！"行者道："师父错怪了我也。这厮分明是个妖魔，他实有心害你。我打死他，替你除了害，你却不认得，反信了那呆子，屡次逐我。"

（有删改）

（1）上文是《西游记》第二十七回的节选，讲述了一个精彩的故事，这个故事是_____。

（2）请根据文段中的对话描写，概括孙悟空和唐僧的性格特点。

_____

_____

⓬阅读下面的《西游记》选段，完成后面的问题。

①真个光阴迅速，不觉七七四十九日，老君的火候俱全。忽一日，开炉取丹。那大圣双手捂着眼，正自揉搓流涕，只听得炉头声响。猛睁睛看见光明，他就忍不住将身一纵，跳出丹炉，唿喇一声，蹬倒八卦炉，往外就走。慌得那架火、看炉，与丁甲一班人来扯，被他一个个都放倒，好似癫痫的白额虎，风狂的独角龙。老君赶上抓一把，被他一捽，捽了个倒栽葱，脱身走了。

②好大圣，急纵身又要跳出，被佛祖翻掌一扑，把这猴王推出西天门外，将五指化作金、木、水、火、土五座联山，唤名"五行山"，轻轻的把他压住。

（1）根据上面两段选文的故事情节，补全下面的标题，要求字数相等，结构一致。

_____，五行山下定心猿

（2）联系选文之前的故事情节，举例简析"大圣"的形象。

_____

_____

⑬ "三打白骨精"的孙悟空，因师父误解而被逐回花果山。后来是什么原因促使孙悟空离开花果山，重新保护师父唐僧踏上了西天取经的征途？

_____

_____

⑭ 阅读下面的选文，回答问题。

你看那些道童害怕，丢了皮鞭，报道："师父啊，为头打的是大唐和尚，这一会打的都是柳树之根！"大仙闻言，呵呵冷笑，夸不尽道："孙行者，真是一个好猴王！曾闻他大闹天宫，布地网天罗，拿他不住，果有此理。你走了便也罢，却怎么绑些柳树在此，冒名顶替？决莫饶他，赶去来！"那大仙说声赶，纵起云头，往西一望，只见那和尚挑包策马，正然走路。

（1）《西游记》中的孙悟空善变。选文中他成功将四棵柳树变成了师徒四人冒名顶替，而在小说第六回将自己变成土地庙时，他却遇上了"尾巴不好收拾"的麻烦，他是怎样处理的？

_____

_____

（2）大仙道："……曾闻他大闹天宫，……"请概括孙悟空大闹天宫的故事中的典型情节（至少写出两个），并指出大闹天宫的故事反映了他怎样的性格特点。

_____

_____

_____

⑮ 以下是某同学读《西游记》时所做的笔记片段，请你阅读后完成（1）（2）题。

【甲】石猴为学长生之道，漂洋过海，历尽千辛，寻访十余年才遇到菩提祖师，学到真本领。他目标明确，信念坚定，不达目的不罢休，这是值得我们学习的。

【乙】菩提祖师教会了悟空七十二般变化和筋斗云，他是位好老师；唐僧虽然没教给悟空什么本事，但指引悟空走上了正确的道路，他也是位好老师；如来佛把悟空压在五行山下五百年，让悟空深刻反省自己的错误，让悟空明白有些事可以做，有些事不可以做，他也是位好老师。我发现，我们身边的老师也各有特点，我们应该虚心接受老师的教诲。

（1）爱读书、爱思考的人就会有很多收获。从【甲】【乙】两个片段来看，该同学的收获是什么？

_____

_____

（2）你在读我国的古典名著时，脑海中也定然闪现过思想的火花，请写出来与大家分享。

_____

_____

⑯ 阅读下面的文字，回答文后的问题。

行者笑道："嫂嫂勿得悭吝，是必借我使使。保得唐僧过山，就送还你。我是个志诚有馀的君子，不是那借物不还的小人。"罗刹又骂道："泼猢狲！好没道理，没分晓！夺子之仇，尚未报得；借扇之意，岂得如心！你不要走！吃我老娘一剑！"

这段文字出自《西游记》哪一个情节？孙悟空为什么称罗刹为"嫂嫂"？罗刹说的"夺子之仇"指什么？

_____

⓱ 孙悟空去火云洞解救唐僧，他变成的牛魔王是如何被红孩儿识破的？最终唐僧又是怎么得救的？

_____

_____

⓲ 《西游记》中天庭两次招安孙悟空，请简述这两次招安的原因与结果。

_____

_____

⓳ 《西游记》是青少年读者非常喜爱的古典小说之一。请根据你的阅读体验，简要说说《西游记》受青少年读者喜爱的原因。

_____

_____

⓴ 中国古典文学研究家周汝昌分别以一个字概括了几部名著的精神实质，将《三国演义》归纳为"忠"字，将《水浒传》归纳为"义"字，将《红楼梦》归纳为"情"字。请你用一个字或者一个词语归纳《西游记》，并简述理由。

_____

_____

_____

第6课：中考名著常考
考点归纳与解析4

红楼梦

名著简介

《红楼梦》开篇以神话形式介绍作品的由来，说女娲炼石补天，剩下一块石头未用，便弃在大荒山青埂峰下。这块石头自怨自叹，一僧一道将它变为一块鲜明莹洁的宝玉，给它镌上字，之后它由赤瑕宫神瑛侍者携带下凡，经历了《红楼梦》中的故事。

书中故事发生在京城贾府——宁国公、荣国公之家宅。宁国公生有四个儿子，死后贾代化袭官。贾代化长子名贾敷，八九岁时死了；次子贾敬袭官，他把世袭的官爵让给了儿子贾珍，自己出家修道；贾珍生贾蓉，儿媳秦可卿。荣国公长子贾代善。贾代善长子名贾赦，生贾琏，儿媳王熙凤；次子贾政；女贾敏，嫁林如海，中年而亡，遗一女林黛玉。贾政娶王夫人，生长子贾珠，早亡，贾珠留下妻子李纨和儿子贾兰；生女元春，入宫为妃；又得次子，衔玉而诞，玉上有字，因名宝玉。人人都以为宝玉来历不小，贾母尤其溺爱宝玉。

故事从贾敏病逝开始，贾母怜惜黛玉无依傍，又多病，于是将黛玉接到贾府抚养。后来王夫人的外甥女薛宝钗也来到贾府，宝钗长得端庄美丽。宝玉很纯朴，与二人情谊深厚。宝玉与黛玉同在贾母房中坐卧，所以比别的姐妹熟识些。

　　元春被选为贵妃，荣国府愈加贵盛，建造大观园，迎接元春省亲，家人团圆，极享天伦之乐。宝玉长到十二三岁，在外结交秦钟、蒋玉菡等，在内则周旋于姐妹以及丫鬟之间，与她们亲昵，并且爱护她们。

　　荣国府虽煊赫，然而人员众多，事务繁杂，贪图享乐的多，操持家业的少，主子生活排场又不知节俭，所以外强中干。家族末世颓运将至，变故增多。宝玉生活在繁华富贵中，也屡屡遭遇无常，先有秦可卿病逝、秦钟夭逝，接着丫鬟晴雯被逐，随即病殁，悲凉气氛弥漫府中。后来，甚至从小和他一起长大的林黛玉也不幸病逝。贾氏一门随即败落。

▌写作背景▶

　　自曹雪芹曾祖曹玺起，曹家祖孙三代担任江宁织造。曹雪芹的曾祖母孙氏做过康熙帝玄烨的保姆。祖父曹寅做过康熙的伴读和御前侍卫，后任江宁织造，兼任两淮巡盐监察御使，极受康熙宠信。康熙六下江南，其中四次由曹寅负责接驾，并住在曹家。曹雪芹就是在这"秦淮风月"之地的"繁华"生活中长大的。雍正初年，受封建统治阶级内部政治斗争的牵连，曹家遭受一系列打击。曹頫以"行为不端""骚扰驿站"和"亏空"罪名革职，家产抄没。曹頫下狱治罪，"枷号"一年有余。这时，曹雪芹随全家迁回北京居住。曹家从此一蹶不振，日渐衰微。经历了生活中的重大转折，曹雪芹深感世态炎凉，对封建社会有了更清醒、更深刻的认识。他蔑视权贵，远离官场，过着贫困而艰难的日子。晚年，曹雪芹移居北京西郊，生活更加穷苦，"满径蓬蒿""举家食粥"，但他仍以坚忍不拔的意志专心致志地从事小说《红楼梦》的写作和修订，批阅十载，增删五次，写成了这部把中国古典小说创作推向巅峰的文学巨著。

▌作者简介▶

　　曹雪芹（约1715—约1763），名霑，字梦阮，号雪芹，又号芹溪、芹圃。曹雪芹出身于满洲正白旗包衣世家，他是江宁织造曹寅之孙，曹颙之子。

曹雪芹早年在南京江宁织造府亲历了锦衣玉食、富贵风流的生活。至雍正年间，曹家因亏空等罪名被抄家，曹雪芹随家人迁回北京老宅，后又移居北京西郊，靠卖字画和朋友救济为生。曹雪芹素性放达，爱好广泛，对金石、诗书、绘画、园林、中医、工艺、饮食等均有所研究。他以坚忍不拔的意志，历经多年艰辛，终于创作出极具思想性、艺术性的伟大作品——《红楼梦》。

主要人物

贾宝玉——荣国府衔玉而诞的公子，贾政与王夫人之次子，阖府捧为掌上明珠，对他寄予厚望，他却走上了叛逆之路，痛恨八股文，批判程朱理学，给那些读书做官的人起名"国贼禄蠹"。他不喜欢八股经书，终日与家里的女子们厮混，爱她们的美丽纯洁，伤悼她们的薄命悲剧。

林黛玉——林如海与贾敏之女，宝玉的姑表妹，寄住在荣国府。她生性孤傲，多愁善感，才思敏捷。她与宝玉真心相爱，是宝玉反抗封建礼教的支持者，是自由恋爱的坚定追求者。这一段爱情因悲剧性的家族命运而遭到扼杀，黛玉泪尽而逝。

薛宝钗——来自四大家族之薛家，薛姨妈之女。她大方典雅，举止端庄。她深谙世事，时不时规劝宝玉读书做官。她有一个金锁，是通灵宝玉的正配。在家族的安排下，她与宝玉成婚。婚后，宝玉离家出走，宝钗独守空闺。

王熙凤——来自四大家族之王家，王夫人的内侄女，贾琏之妻。她精明能干，深得贾母和王夫人的信任，成为荣国府的主事之人。她为人处世圆滑周到，图财害命的事也干过不少。结局是"一从二令三人木，哭向金陵事更哀"。

贾探春——贾政与赵姨娘所生的女儿，贾府三小姐。她精明能干，个性刚烈。抄检大观园时，她当众扇了王善保家的一巴掌。她对贾府的危局颇有感触，用兴利除弊的改革来挽救局势，但改革作用不大，后远嫁海南。

作品评价

《红楼梦》"大旨谈情""实录其事"，只按自己的事体情理，按迹循踪，摆脱旧套，新鲜别致，取得了非凡的艺术成就。"真事隐去，假语村言"的特殊笔法更是令后世读者围绕《红楼梦》的品读研究形成了一门显学——红学。鲁迅说过《红楼梦》的价值："在中国的小说中实在是不可多得的。其要点在敢于如实描写，并无讳饰，和从前的小说叙好人完全是好，坏人完全是坏的，大不相同，所以其中所叙的人物，都是真的人物。总之，自有《红楼梦》出来以后，传统的思想和写法都打破了。"而作家瓦西里耶夫这样评价："《红楼梦》写得如此美妙，如此有趣，以至非得产生模仿者不可！"

主题思想

《红楼梦》原名《石头记》，是中国古典四大名著之一。《红楼梦》被认为是中国古典小说的巅峰之作，也是中国传统文化的集大成者。小说以贾、史、王、薛四大家族的兴衰为背景，以贾宝玉、林黛玉的爱情故事为主线，塑造了以贾宝玉和金陵十二钗为主的人物形象，体现了人性美和悲剧美。该书通过家族悲剧、女性悲剧及主人公的人生悲剧，揭示了封建末世的危机。

作品通过描写上自宫廷贵族下至平民百姓甚至婢女奴才的日常生活和平凡琐事，通过描写各色男女恋爱、婚姻、家庭的恩怨情仇，生动而又真实地描绘出一幅贵族家庭衰败的历史图卷，客观上揭露了作为封建社会缩影的贵族家庭的骄奢淫逸以及由于种种的腐烂与罪恶最后"树倒猢狲散"的结果。

《红楼梦》在思想内容上一反旧有小说的大团圆结局，创造了极高的悲剧美学价值。其作品的客观性主题在多年的反复阅读中逐渐具有了更明朗化的表现。

艺术特色

1. 塑造人物众多

《红楼梦》塑造了众多的人物形象，他们皆有自己的个性特征，如贾宝玉、林黛玉、薛宝钗等皆是不朽的艺术典型，在中国文学史和世界文学史上永放奇光异彩。

2. 情节设置巧妙

《红楼梦》的情节设置，在以往传统小说的基础上，实现了新的重大的突破。它改变了《水浒传》《西游记》等长篇小说情节和人物单线发展的特点，创造了宏大完整而又自然的艺术结构，使众多的人物活动于同一空间和时间内，并且情节的推移也具有整体性，表现出作者卓越的艺术才思。

3. 语言表现力强

《红楼梦》的语言艺术成就可谓是代表了中国古典小说语言艺术的高峰。作者往往只需用三言两语，就可以勾画出一个活生生的具有鲜明个性的人物形象；作者笔下每一个典型形象的语言，都具有其独特的个性，读者仅仅凭借这些语言就可以识别人物。作者的叙述语言也具有高度的艺术表现力，包括小说里的诗词曲赋，不仅能与小说的叙事融为一体，而且这些诗词曲赋的创作也能为塑造典型形象服务，切合小说中人物的身份。

阅读感悟

《红楼梦》是一部内涵丰富的作品。作者将贾宝玉和一群身份、地位不同的女子放在大观园这个既诗化又真实的小说世界里，来展示他们的青春生命之美及被毁灭的悲剧。作品的深刻之处在于并没有把这个悲剧完全归于恶人的残暴，其中一部分悲剧是封建势力的直接摧残导致的，如鸳鸯、晴雯等人物的悲惨下场，更多的悲剧是封建伦理关系中的通常之道德、通常之人情、通常之境遇所造成的，是经几千年积淀而凝固下来的正统文化的深层结构所造成的。

小说描绘了上至皇宫、下及乡村的广阔社会生活画面，广泛而深刻地反映了封建末世复杂深刻的矛盾冲突，显示了封建贵族的本质特征和必然衰败的历史命运。尤其深刻的是，在展示贾府生活的图画里，维持着这个贵族之家的等级、名分、长幼等关系的荒谬的礼法习俗暴露无遗，封建家族温情脉脉的面纱之下种种激烈的矛盾和斗争也一一爆发。

经典章节鉴赏

共读西厢

（茗烟）把那古今小说并那飞燕、合德、武则天、杨贵妃的外传与那传奇脚本买了许多来，引宝玉看。宝玉何曾见过这些书，一看见了，便如得了珍宝。茗烟又嘱咐他："不可拿进园去，若叫人知道了，我就吃不了兜着走呢。"宝玉那里舍得不拿进去，踌躇再三，单把那文理细密的拣了几套进去，放在床顶上，无人时自己密看。那粗俗过露的，都藏在外面书房里。

那一日正当三月中浣①，早饭后，宝玉携了一套《会真记》，走到沁芳闸桥边桃花底下一块石上坐着。展开《会真记》，从头细顽。正看到"落红成阵"，只见一阵风过，把树头上桃花吹下一大半来，落得满身满书满地皆是。宝玉要抖将下来，恐怕脚步践踏了，只得兜了那花瓣，来至池边，抖在池内。那花瓣浮在水面，飘飘荡荡，竟流出沁芳闸去了。回来只见地下还有许多。宝玉正踌躇间，只听背后有人说道："你在这里做什么？"宝玉一回头，却是林黛玉来了，肩上担着花锄，锄上挂着花囊，手内拿着花帚。宝玉笑道："好，好，来把这个花扫起来，撂在那水里。我才撂了好些在那里呢。"林黛玉道："撂在水里不好。你看这里的水干净，只一流出去，有人家的地方脏的臭的混倒，仍旧把花糟蹋了。那畸角上我有一个花冢，如今把他扫了，装在这绢袋里，拿土埋上，日久不过随土化了，岂不干净。"

宝玉听了，喜不自禁，笑道："待我放下书，帮你来收拾。"黛玉道："什么书？"宝玉见问，慌得藏之不迭②，便说道："不过是《中庸》《大学》。"黛玉笑道："你又在我跟前弄鬼。趁早儿给我瞧，好多着呢。"宝玉道："好妹妹，若论你，我是不怕的。你看了，好歹别告诉别人去。真真这是好书！你要看了，连饭也不想吃呢。"一面说，一面递了过去。林黛玉把花具且都放下，接书来瞧。从头看去，越看越爱看。不到一顿饭工夫，将十六出俱已看完，自觉词藻警人，馀香满口。虽看完了书，却只管出神，心内还默默记诵。

宝玉笑道："妹妹，你说好不好？"林黛玉笑道："果然有趣。"宝玉笑道："我就是个'多愁多病身'，你就是那'倾国倾城貌'。"林黛玉听了，不觉带腮连耳通红，登时直竖起两道似蹙非蹙的眉，瞪了两只似睁非睁的眼，微腮带怒，薄面含嗔，指宝玉道："你这该死的胡说！好好的把这淫词艳曲弄了来，还学了这些混话来欺负我。我告诉舅舅舅母去。"说到"欺负"两个字上，早又把眼睛圈儿红了，转身就走。宝玉着了急，向前拦住说道："好妹妹，千万饶我这一遭，原是我说错了。若有心欺负你，明儿我掉在池子里，教个癞头鼋③吞了去，变个大忘八，等你明儿做了'一品夫人'、病老归西的时候，我往你坟上替你驮一辈子的碑去。"说得林黛玉"嗤"的一声笑了，揉着眼睛，一面笑道："一般也唬得这个调儿，还只管胡说。'呸，原来是苗而不秀④，是个银样蜡枪头'。"宝玉听了，笑道："你这个呢？我也告诉去。"林黛玉笑道："你说你会过目成诵，难道我就不能一目十行么？"宝玉一面收书，一面笑道："正经快把花埋了罢，别提那个了。"二人便收拾落花，正才掩埋妥协，只见袭人走来，说道："那里没找到，摸在这里来。那边大老爷身上不好，姑娘们都过去请安，老太太叫打发你去呢。快回去换衣裳去罢。"宝玉听了，忙拿了书，别了黛玉，同袭人回房换衣不提。

注 释

① 中浣：每月中旬。
② 不迭：不及。
③ 鼋（yuán）：鼋鱼，爬行动物，外形似鳖。
④ 苗而不秀：比喻虚有其表。

品读与赏析

　　宝玉让茗烟从外面弄来了《西厢记》等书，在当时来说，这些书尤其是他不该看的。于是他只能偷偷躲起来看，不期被黛玉看见。如是别人宝玉一定害怕，只有黛玉，是宝玉不怕的，而且他还把书给黛玉看，指出书的妙处。黛玉也被书中的内容深深吸引了。这些都充分表现了宝玉和黛玉对爱情的渴望，也表现了他们对世俗礼教的不屑和抗争。林黛玉和贾宝玉情窦初开，两情相悦，但又没有场合也不能直接表白出来。是《西厢记》给他们牵线搭桥，让他们凭戏词道出了心声。

黛玉葬花

　　宝玉因不见了林黛玉，便知他躲了别处去了。想了一想，索性迟两日，等他的气消一消再去也罢了。因低头看见许多凤仙、石榴等各色落花锦重重的落了一地，因叹道："这是他心里生了气，也不收拾这花儿来了。待我送了去，明儿再问着他。"说着，只见宝钗约着他们往外头去。宝玉道："我就来。"说毕，等他二人去远了，便把那花兜了起来，登山渡水，过树穿花，一直奔了那日同林黛玉葬桃花的去处来。

　　将已到了花冢，犹未转过山坡，只听山坡那边有呜咽之声，一行数落着，哭得好不伤感。宝玉心下想道："这不知是那房里的丫头受了委屈，跑到这个地方来哭。"一面想，一面煞①住脚步，听他哭道是：

　　"花谢花飞花满天，红消香断有谁怜？

　　游丝软系飘春榭，落絮轻沾扑绣帘。

　　闺中女儿惜春暮，愁绪满怀无释处，

　　手把花锄出绣帘，忍踏落花来复去。

　　柳丝榆荚自芳菲，不管桃飘与李飞。

　　桃李明年能再发，明年闺中知有谁？

　　三月香巢已垒成，梁间燕子太无情！

　　明年花发虽可啄，却不道人去梁空巢也倾。

　　一年三百六十日，风刀霜剑严相逼，

　　明媚鲜妍能几时，一朝飘泊难寻觅。

　　花开易见落难寻，阶前闷杀葬花人，

　　独把花锄泪暗洒，洒上空枝见血痕。

　　杜鹃无语正黄昏，荷锄归去掩重门。

　　青灯照壁人初睡，冷雨敲窗被未温。

　　怪奴底事倍伤神，半为怜春半恼春，

　　怜春忽至恼忽去，至又无言去不闻。

　　昨宵庭外悲歌发，知是花魂与鸟魂？

　　花魂鸟魂总难留，鸟自无言花自羞。

　　愿奴胁下生双翼，随花飞到天尽头。

　　天尽头，何处有香丘？

　　未若锦囊收艳骨，一堆净土掩风流。

　　质本洁来还洁去，强于污淖陷渠沟。

> 尔今死去侬收葬，未卜侬身何日丧？
> 侬今葬花人笑痴，他年葬侬知是谁？
> 试看春残花渐落，便是红颜老死时。
> 一朝春尽红颜老，花落人亡两不知！"
> ……

宝玉在山坡上听见，先不过点头感叹；次后听到"侬今葬花人笑痴，他年葬侬知是谁""一朝春尽红颜老，花落人亡两不知"等句，不觉恸倒山坡之上，怀里兜的落花撒了一地。试想林黛玉的花颜月貌，将来亦到无可寻觅之时，宁不心碎肠断！既黛玉终归无可寻觅之时，推之于他人，如宝钗、香菱、袭人等，亦可到无可寻觅之时矣。宝钗等终归无可寻觅之时，则自己又安在哉？且自身尚不知何在何往，则斯处、斯园、斯花、斯柳，又不知当属谁姓矣！因此一而二，二而三，反复推求了去，真不知此时此际，欲为何等蠢物，杳无所知，逃大造，出尘网，便可解释这段悲伤。正是：

> 花影不离身左右，鸟声只在耳东西。

那林黛玉正自伤感，忽听山坡上也有悲声，心下想道："人人都笑我有些痴病，难道还有一个痴子不成？"想着，抬头一看，见是宝玉。林黛玉看见，便道："啐！我当是谁，原来是这个狠心短命的……"刚说到"短命"二字，又把口掩住，长叹了一声，自己抽身便走了。

这里宝玉悲恸了一回，忽然抬头不见了黛玉，便知黛玉看见他躲开了。自己也觉无味，抖抖土起来，下山寻归旧路，往怡红院来。可巧看见林黛玉在前头走，连忙赶上去，说道："你且站住。我知你不理我。我只说一句话，从今后撂开手。"林黛玉回头，看见是宝玉，待要不理他，听他说"只说一句话，从此撂开手"，这话里有文章②，少不得站住，说道："有一句话，请说来。"宝玉笑道："两句话说了，你听不听？"黛玉听说，回头就走。宝玉在身后面叹道："既有今日，何必当初！"林黛玉听见这话，由不得站住，回头道："当初怎么样？今日怎么样？"宝玉叹道："当初姑娘来了，那不是我陪着顽笑？凭我心爱的，姑娘要，就拿去；我爱吃的，听见姑娘也爱吃，连忙干干净净收着等姑娘吃。一桌子吃饭，一床上睡觉。丫头们想不到的，我怕姑娘生气，我替丫头们想到了。我心里想着：姊妹们从小儿长大，亲也罢，热也罢，和气到了儿，才见得比人好。如今谁承望姑娘人大心大，不把我放在眼睛里，倒把外四路③的什么宝姐姐、凤姐姐的放在心坎儿上，倒把我三日不理，四日不见的。我又没个亲兄弟亲姊妹。——虽然有两个，你难道不知道是和我隔母的？我也和你似的独出，只怕同我的心一样。谁知我是白操了这个心，弄得有冤无处诉！"说着，不觉滴下眼泪来。

林黛玉耳内听了这话，眼内见了这形景，心内不觉灰了大半，也不觉滴下泪来，低头不语。宝玉见他这般形景，遂又说道："我也知道我如今不好了，但只凭着怎么不好，万不敢在妹妹跟前有错处。便有一二分错处，你倒是或教导我，戒我下次，或骂我两句，打我两下，我都不灰心。谁知你总不理我，叫我摸不着头脑，少魂失魄，不知怎么样才好。就便死了，也是个屈死鬼，任凭高僧高道忏悔，也不能超生，还得你申明了缘故，我才得托生呢！"

黛玉听了这个话，不觉将昨晚的事都忘在九霄云外了，便说道："你既这么说，昨儿为什么我去了，你不叫丫头开门？"宝玉诧异道："这话从那里说起？我要是这么样，立刻就死了！"林黛玉啐道："大清早起，死呀活的，也不忌讳。你说有呢就有，没有就没有，起什么誓呢。"宝玉道："实在没有见你去，就是宝姐姐坐了一坐就出来了。"林黛玉想了一想，笑道："是了。想必是你的丫头们懒待动，丧声歪气的，也是有的。"宝玉道："想必是这个缘故。等我回去问了是谁，教训教训他们就好了。"黛玉道："你的那些姑娘们也该教训教训，只是我论理不该说，今儿得罪了我的事小，倘或明儿宝姑娘来，什么贝姑娘来，也得罪了，事情岂不大了。"说着，抿着嘴笑。宝玉听了，又是咬牙，又是笑。

注 释

①煞（shā）：止步收住。通"刹"，停下。

②文章：比喻曲折隐蔽的含意。

③外四路：血缘关系疏远的。

品读与赏析📖

　　"黛玉葬花"是《红楼梦》中的经典片段，给世人留下了深刻的印象。《葬花吟》是《红楼梦》诗词中绝妙、被称道的篇章之一。作者为黛玉葬花、哭花、作诗悼花设定了特定的背景——芒种节众女儿热闹纷扰之时。典型环境和典型性格融为一体，塑造出独一无二的黛玉，体现了黛玉敏感的性格特征。她以花代己，葬花体现了她对自己的爱惜与对现实的无奈。

香菱学诗

　　且说香菱见过众人之后，吃过晚饭，宝钗等都往贾母处去了，自己便往潇湘馆中来。此时黛玉已好了大半，见香菱也进园来住，自是欢喜。香菱因笑道："我这一进来了，也得了空儿，好歹教给我作诗，就是我的造化了。"黛玉笑道："既要作诗，你就拜我作师。我虽不通，大略也还教得起你。"香菱笑道："果然这样，我就拜你作师。你可不许腻烦的。"黛玉道："什么难事，也值得去学！不过是起承转合，当中承转是两副对子，平声对仄声，虚的对'虚'的，实的对'实'的。若是果有了奇句，连平仄虚实不对都使得的。"香菱笑道："怪道我常弄一本旧诗偷空儿看一两首，又有对得极工的，又有不对的；又听见说：'一三五不论，二四六分明。'看古人的诗上，亦有顺的，亦有二四六上错了的；所以天天疑惑。如今听你一说，原来这些格调规矩竟是末事，只要词句新奇为上。"黛玉道："正是这个道理。词句究竟还是末事，第一立意要紧。若意趣真了，连词句不用修饰，自是好的，这叫作'不以词害意'。"香菱笑道："我只爱陆放翁的诗：'重帘不卷留香久，古砚微凹聚墨多。'说得真有趣！"黛玉道："断不可学这样的诗。你们因不知诗，所以见了这浅近的就爱。一入了这个格局，再学不出来的。你只听我说，你若真心要学，我这里有《王摩诘全集》，你且把他的五言律读一百首，细心揣摩透熟了；然后再读一二百首老杜的七言律，次再李青莲的七言绝句读一二百首。肚子里先有了这三个人做了底子，然后再把陶渊明、应玚、谢、阮、庾、鲍等人的一看。你又是一个极聪敏伶俐的人，不用一年的工夫，不愁不是诗翁了！"香菱听了，笑道："既这样，好姑娘，你就把这书给我拿出来，我带回去，夜里念几首也是好的。"黛玉听说，便命紫鹃将王右丞的五言律拿来，递与香菱，又道："你只看有红圈的，都是我选的，有一首念一首。不明白的问你姑娘，或者遇见我，我讲与你就是了。"香菱拿了诗，回至蘅芜苑中，诸事不顾，只向灯下一首一首的读起来。宝钗连催他数次睡觉，他也不睡。宝钗见他这般苦心，只得随他去了。

一日，黛玉方梳洗完了，只见香菱笑吟吟的送了书来，又要换杜律。黛玉笑道："共记得多少首？"香菱笑道："凡红圈选的，我尽读了。"黛玉道："可领略了些滋味没有？"香菱笑道："领略了些滋味，不知可是不是，说与你听听。"黛玉笑道："正要讲究讨论，方能长进。你且说来我听。"香菱笑道："据我看来，诗的好处，有口里说不出来的意思，想去却是逼真的。有似乎无理的，想去竟是有理有情的。"黛玉笑道："这话有了些意思，但不知你从何处见得？"香菱笑道："我看他《塞上》一首，那一联云：'大漠孤烟直，长河落日圆。'想来烟如何直？日自然是圆的；这'直'字似无理，'圆'字似太俗。合上书一想，倒像是见了这景的。若说再找两个字换这两个，竟再找不出两个字来。再还有：'日落江湖白，潮来天地青。'这'白''青'两个字也似无理，想来必得这两个字才形容得尽，念在嘴里倒像有几千斤重的一个橄榄。还有：'渡头馀落日，墟里上孤烟。'这'馀'字和'上'字，难为他怎么想来！我们那年上京来，那日下晚便湾住船，岸上又没有人，只有几棵树，远远的几家人家做晚饭，那个烟竟是碧青，连云直上。谁知我昨日晚上读了这两句，倒像我又到了那个地方去了。"

正说着，宝玉和探春也来了，也都入坐听他讲诗。宝玉笑道："既是这样，也不用看诗。会心处不在多，听你说了这两句，可知'三昧①'你已得了。"黛玉笑道："你说他这'上孤烟'好，你还不知他这一句还是套了前人的来。我给你这一句瞧瞧，更比这个淡而现成。"说着，便把陶渊明的"暧暧②远人村，依依墟里烟"翻了出来，递与香菱。香菱瞧了，点头叹赏，笑道："原来'上'字是从'依依'两个字上化出来的。"宝玉大笑道："你已得了，不用再讲，越发倒学杂了。你就作起来，必是好的。"探春笑道："明儿我补一个柬来，请你入社。"香菱笑道："姑娘何苦打趣我，我不过是心里美慕，才学着顽罢了。"

探春、黛玉都笑道："谁不是顽？难道我们是认真作诗呢！若说我们认真成了诗，出了这园子，把人的牙还笑倒了呢。"宝玉道："这也算自暴自弃了。前日我在外头和相公们商议画儿，他们听见咱们起诗社，求我把稿子给他们瞧瞧。我就写了几首给他们看看，谁不真心叹服？他们都抄了刻去了。"探春、黛玉忙问道："这是真话么？"宝玉笑道："说谎的是那架上的鹦哥。"黛玉、探春听说，都道："你真真③胡闹！且别说那不成诗，便是成诗，我们的笔墨也不该传到外头去。"宝玉道："这怕什么！古来闺阁中的笔墨不要传出去，如今也没有人知道了。"说着，只见惜春打发了入画来请宝玉，宝玉方去了。

香菱又逼着黛玉换出杜律来，又央黛玉、探春二人："出个题目，让我诌去，诌了来，替我改正。"黛玉道："昨夜的月最好，我正要诌一首，竟未诌成，你就作一首来。十四寒的韵，由你爱用那几个字去。"香菱听了，喜得拿回诗来，又苦思一回，作两句诗；又舍不得杜诗，又读两首。如此茶饭无心，坐卧不定。宝钗道："何苦自寻烦恼，都是颦儿引的你，我和他算账去。你本来呆头呆脑的，再添上这个，越发弄成个呆子了。"香菱笑道："好姑娘，别混我。"一面说，一面作了一首，先与宝钗看。宝钗看了笑道："这个不好，不是这个作法。你别怕臊，只管拿了给他瞧去，看他是怎么说。"香菱听了，便拿了诗找黛玉。黛玉看时，只见写道是：

"月桂中天夜色寒，清光皎皎④影团团。

诗人助兴常思顽，旅客添愁不忍观。

翡翠楼边悬玉镜，珍珠帘外挂冰盘。

良宵何用烧银烛，晴彩辉煌映画栏。"

黛玉笑道："意思却有，只是措词不雅。皆因你看的诗少，被他缚住了。把这首丢开，再作一首，只管放开胆子去作。"

香菱听了，默默的回来，越性连房也不入，只在池边树下，或坐在山石上出神，或蹲在地下抠土，来往的人都诧异。李纨、宝钗、探春、宝玉等听得此信，都远远的站在山坡上瞧看他。只见他皱一回眉，又自己含笑一回。宝钗笑道："这个人定要疯了！昨夜嘟嘟哝哝，直闹到五更天才睡下。没一顿饭的工夫天就亮了，我就听见他起来了，忙忙碌碌梳了头，就找颦儿去。一回来了，呆了一日，作了一首又不好，这会子自然另作呢。"宝玉笑道："这正是'地灵人杰'。老天生人，再不虚赋情性的，我们成日叹说可惜他这么个人竟俗了！谁知到底有今日，可见天地至公。"宝钗笑道："你能够像他这苦心就好了，学什么有个不成的。"宝玉不答。

只见香菱兴兴头头的又往黛玉那边去了。探春笑道："咱们跟了去，看他有些意思没有。"说着，一齐都往潇湘馆来。只见黛玉正拿着诗和他讲究。众人因问黛玉作得如何。黛玉道："自然算难为他了，只是还不好。这一首过于穿凿了，还得另作。"众人因要诗看时，只见作道：

"非银非水映窗寒，试看晴空护玉盘。

淡淡梅花香欲染，丝丝柳带露初干。

只疑残粉涂金砌，恍若轻霜抹玉栏。

梦醒西楼人迹绝，馀容犹可隔帘看。"

宝钗笑道："不像吟月了，月字底下添一个'色'字倒还使得。你看句句倒是月色。这也罢了，原来诗从胡说来，再迟几天就好了。"

香菱自为这首妙绝，听如此说，自己扫了兴，不肯丢开手，便要思索起来。因见他姊妹们说笑，便自己走至阶前竹下闲步，挖心搜胆，耳不旁听，目不别视。一时，探春隔窗笑说道："菱姑娘，你闲闲罢。"香菱怔怔⑤答道："'闲'字是十五删的，你错了韵了。"众人听了，不觉大笑起来。宝钗道："可真是诗魔了，都是颦儿引的他！"黛玉道："圣人说'诲人不倦'，他又来问我，我岂有不说之理。"李纨笑道："咱们拉了他往四姑娘房里去，引他瞧瞧画儿，叫他醒一醒才好。"

说着，真个出来拉了他过藕香榭，至暖香坞中。惜春正乏倦，在床上歪着睡午觉，画缯立在壁间，用纱罩着。众人唤醒了惜春，揭纱看时，十停方有了三停。香菱见画上有几个美人，因指着笑道："这一个是我们姑娘，那一个是林姑娘。"探春笑道："凡会作诗的都画在上头，快学罢。"说着，顽笑了一回。

各自散后，香菱满心中还是想诗。至晚间，对灯出了一回神。至三更以后，上床卧下，两眼鳏鳏⑥，直到五更，方才朦胧睡去了。一时天亮，宝钗醒了，听了一听，他安稳睡了，心下想："他翻腾了一夜，不知可作成了？这会子乏了，且别叫他。"正想着，只听香菱从梦中笑道："可是有了！难道这一首还不好？"宝钗听了，又是可叹，又是可笑，连忙唤醒了他，问他："得了什么？你这诚心，都通了仙了。学不成诗，还弄出病来呢！"一面说，一面梳洗了，会同姊妹往贾母处来。

原来香菱苦志学诗，精血诚聚，日间作不出，忽于梦中得了八句。梳洗已毕，便忙录出来，自己并不知好歹，便拿来又找黛玉。刚到沁芳亭，只见李纨与众姊妹方从王夫人处回来，宝钗正告诉他们，说他梦中作诗说梦话。众人正笑着，抬头见他来了，便都争着要诗看。

话说香菱见众人正说笑，他便迎上去，笑道："你们看这一首。若使得，我便还学；若还不好，我就死了这作诗的心了。"说着，把诗递与黛玉及众人看时，只见写道是：

"精华⑦欲掩料应难，影自娟娟魄自寒。

一片砧敲千里白⑧，半轮鸡唱五更残。

绿蓑⑨江上秋闻笛，红袖楼头夜倚栏。

博得嫦娥应借问，缘何不使永团圆！"

众人看了，笑道："这首不但好，而且新巧有意趣。可知俗语说：'天下无难事，只怕有心人。'社里一定请你了。"香菱听了，心下不信，料着是他们瞒哄自己的话，还只管问黛玉、宝钗等。

注 释

①三昧：这里借指事物的要领、真谛。

②暧暧（ài ài）：隐隐约约。

③真真：简直，真是。

④皎皎（jiǎo jiǎo）：洁白明亮。

⑤怔怔：形容人发呆发愣。

⑥鳏鳏（guān guān）：形容忧愁失眠的样子。

⑦精华：这里指纯净的月光。

⑧一片砧（zhēn）敲千里白：此句化用李白《子夜吴歌·秋歌》"长安一片月，万户捣衣声"的意境。砧，捣衣石。

⑨绿蓑：蓑衣，这里代指漂泊江上的旅人。

品读与赏析

"香菱学诗"是《红楼梦》中很有情趣的一个片段，它详细叙述了黛玉指点香菱学诗的门径，香菱谈读诗体会并苦心写诗的经过，赞美了这位精华灵秀的薄命女。香菱来到大观园后，有了黛玉这样的老师，她如痴如醉地沉浸在诗的境界中，自由呼吸，驰骋思维，让想象遨游于天地之外。她苦读诗书，苦索佳句，终于在很短的时间内学会了作诗。作者通过这个情节，表现了香菱对诗歌的追求及她对美好事物的向往，赞美了她那专注、勤勉的学习精神。此外，作者通过黛玉教香菱学诗的情节，丰富了黛玉的形象，我们从中真切地感受到黛玉除了孤傲自许外，还有热情开朗、坦率纯真、诲人不倦的一面。

第7课：中考名著常考
考点归纳与解析5

考题点击

1 （2016年山东德州卷）

名著阅读。

贾政一举目，见【甲】站在跟前，神采飘逸，秀色夺人，看看贾环，人物委琐，举止荒疏，忽又想起贾珠来，再看看【乙】只有这一个亲生的儿子，素爱如珍，自己的胡须将已苍白：因这几件上，把素日嫌恶处分他之心不觉减了八九。半晌说道："娘娘吩咐说，你日日外头嬉游，渐次疏懒，如今叫禁管，同你姊妹在【丙】园里读书写字。你可好生用心习学，再如不守分安常，你可仔细！"

上文中的甲指_____（人名），乙指_____（人名），丙指_____园。

2 （2016年甘肃天水卷）

仔细观察《红楼梦》中的两幅插图，回答下面问题。

甲

乙

（1）甲图反映的故事是_____；乙图反映的故事是_____。

（10字以内）

（2）乙图中主人公有如此遭遇的主要原因是＿＿＿＿＿＿＿＿＿＿

＿＿＿＿＿＿＿＿＿＿＿＿＿＿＿＿＿＿＿＿＿＿＿＿＿＿＿。

❸（2018年内蒙古包头卷）

仿照加点部分，在横线上补写语句，使语意完整。

阅读我国古典文学四大名著，精彩的故事情节令人难忘：孙悟空斗战二郎神，法象多变展神通；青面兽＿＿＿＿＿＿，＿＿＿＿＿＿＿＿＿；杨德祖＿＿＿＿＿＿，＿＿＿＿＿＿＿＿＿；痴香菱＿＿＿＿＿＿，＿＿＿＿＿＿＿＿＿。

❹（2018年吉林长春卷）

名著阅读。

【甲】那宝玉本就懒与士大夫诸男人接谈，又最厌峨冠礼服贺吊往还等事，今日得了这句话，越发得了意，不但将亲戚朋友一概杜绝了，而且连家庭中晨昏定省一发都随他的便了，日日只在园中游卧，不过每日一清早到贾母王夫人处走走就回来了，却每每甘心为诸丫鬟充役，竟也得十分闲消日月。

【乙】宝玉道："也不用摆，咱们且作诗。把那大团圆桌就放在当中，酒菜都放着。也不必拘定坐位，有爱吃的大家去吃，散坐岂不便宜。"宝钗道："这话极是。"湘云道："虽如此说，还有别人。"因又命另摆一桌，拣了热螃蟹来，请袭人、紫鹃、司棋、侍书、入画、莺儿、翠墨等一处共坐。山坡桂树底下铺下两条花毡，命答应的婆子并小丫头等也都坐了，只管随意吃喝，等使唤再来。湘云便取了诗题，用针绾在墙上。众人看了，都说："新奇固新奇，只怕作不出来。"湘云又把不限韵的缘故说了一番。宝玉道："这才是正理，我也最不喜限韵。"

（人民文学出版社 1982年版）

（1）以上两则选文出自名著《＿＿＿＿》，作者是清代小说家＿＿＿＿＿＿（人名）。

（2）请写出【乙】文中加点"这话"指代的具体内容。

_____

（3）【甲】【乙】两文共同体现了宝玉怎样的性格特点？

_____

_____

5 （2016年吉林长春卷）

阅读选文，回答问题。

贾政与诸人上了亭子，倚栏坐了，因问："诸公以何题此？"诸人都道："当日欧阳公《醉翁亭记》有云：'有亭翼然'，就名'翼然'。"贾政笑道："'翼然'虽佳，但此亭压水而成，还须偏于水题方称。依我拙裁，欧阳公之'泻出于两峰之间'，竟用他这一个'泻'字。"有一客道："是极，是极。竟是'泻玉'二字妙。"贾政拈髯寻思，因抬头见宝玉侍侧，便笑命他也拟一个来。

宝玉听说，连忙回道："老爷方才所议已是。但是如今追究了去，似乎当日欧阳公题酿泉用一'泻'字则妥，今日此泉若亦用'泻'字，则觉不妥。况此处虽云省亲驻跸别墅，亦当入于应制之例，用此等字眼，亦觉粗陋不雅。求再拟较此蕴藉含蓄者。"贾政笑道："诸公听此论若何？方才众人编新，你又说不如述古；如今我们述古，你又说粗陋不妥。你且说你的来我听。"宝玉道："有用'泻玉'二字，则莫若'沁芳'二字，岂不新雅？"贾政拈髯点头不语。众人都忙迎合，赞宝玉才情不凡。贾政道："匾上二字容易。再作一副七言对联来。"宝玉听说，立于亭上，四顾一望，便机上心来，乃念道："绕堤柳借三篙翠，隔岸花分一脉香。"贾政听了，点头微笑。众人先称赞不已。

（人民文学出版社 1982年版）

（1）选文出自中国古典名著《_____》，作者是清代小说家_____（人名）。

（2）在为亭子拟名的过程中，宝玉认为"沁芳"比"泻玉"好，其理由是什么？

_____

_____

（3）"贾政听了，点头微笑。众人先称赞不已。"这两句话对于突出宝玉"才情不凡"来说属于哪个角度的描写？

_____

_____

⑥（2017年广西玉林、崇左卷）

下面依次对《三国演义》《水浒传》《西游记》《红楼梦》的表述，无误的一项是（　　）

A. 关云长围曹军于樊城，战庞德左臂中了一箭，水淹樊城后右臂再中一毒箭，毒已入骨，青肿不能运动。名医华佗闻讯主动前来医治，先用尖刀割开皮肉，直至于骨，刮去骨上箭毒，敷上药，再用线缝上刀口。期间血流盈盆，刮骨悉悉有声，见者皆掩面失色，而关云长饮酒食肉，谈笑弈棋，全无痛苦之色。

B. 武松别了宋江回清河县寻兄，来到阳谷县黄泥冈前一个叫"五碗不过冈"的酒店，共喝了十五碗酒后不顾酒家和官方的警示勉强过冈，果然遇上一只又饥又渴、曾坏了三二十条大汉性命的大老虎。那老虎一扑、一掀、一剪，都被武松躲过；武松梢棒一劈，打在了枯树上，梢棒断成了两截。在近身肉搏中，武松凭着神威和武艺，按住老虎打了五七十拳，最终将这害人的大虫除掉，成为众人敬仰的打虎英雄。

C. 一座高山上有一个妖精，先变作个年满八旬的老妇人，再变作个月貌花容的女儿，又变成一个白发苍苍的老公公，三次戏弄唐僧，均被孙悟空识破打死。唐僧骂孙悟空无故伤人性命："行恶之人，如磨刀之石，不见其损，日有所亏……倘到城市之中，人烟凑集之所，你拿了那哭丧棒，一时不知好歹，乱打起人来，撞出大祸，教我怎的脱身？"一气之下写了一纸贬书，把孙悟空赶回了花果山。

D. 这日清晨方醒，晴雯和麝月两个人按住雄奴隔肢，笑声不断。林黛玉出来一看，只见那晴雯骑在雄奴身上，麝月在那里抓雄奴的肋肢，雄奴仰在炕上，两脚乱蹬，笑得喘不过气来。黛玉忙上前笑说："两个大的欺负一个小的，等我助力。"也上床来隔肢晴雯。晴雯触痒，笑得忙丢下雄奴，和黛玉对抓。雄奴趁势又将晴雯按倒，向他肋下抓动。袭人笑说："仔细冻着了。"

7 （2018年四川泸州卷）

我市某初中学校组织了一次以"绽放青春"为主题的综合实践活动，在该校举行的"最美青春偶像"人物评选活动中，教材里有以下四人入选，请你任选其中一人，写一段颁奖词。要求运用第二人称，语言简洁，内容符合人物实际，至少使用一种修辞手法，60字左右。

《木兰诗》中的木兰　　　　《孤独之旅》中的杜小康
《香菱学诗》中的香菱　　　《我的早年生活》中的丘吉尔

_____

_____

第8课：中考名著常考题型分析1

模拟训练

1《红楼梦》原名_____，又称_____、_____、_____，该书以_____、_____、_____三人的爱情婚姻悲剧为核心，以_____四大家族的兴衰史为轴线，浓缩了整个封建社会的时代内容。

2《红楼梦》中有这样的叙述："两弯似蹙非蹙罥烟眉，一双似泣非泣含露目。态生两靥之愁，娇袭一身之病。泪光点点，娇喘微微。闲静时如娇花照水，行动处似弱柳扶风。心较比干多一窍，病如西子胜三分"。这写的是_____，她的性格特点是_____。

3《红楼梦》中"未见其人，先闻其声"指的是_____，该人最善弄权术，例如毒设_____、弄权_____、逼死_____、破坏_____，最后落了个"机关算尽太聪明，反误了卿卿性命"的悲剧下场。

4《红楼梦》中颇具叛逆性格的三个人是：_____、_____、_____。

5"开谈不说《红楼梦》，读尽诗书也枉然。一曲红楼多少梦？情天情海幻情身。"作品塑造了三个悲剧人物：_____为爱情熬尽最后一滴眼泪，含恨而死；_____终于离弃"温柔富贵之乡"而遁入空门；_____，虽成了荣府的二奶奶却没有赢得真正的爱情，孤苦度日。

6《红楼梦》中最卑躬屈膝的丫鬟是_____，最有反抗性格的丫鬟是_____，性格最刚烈的丫鬟是_____。《红楼梦》中最热闹的情节是_____，最有趣的情节是_____，最凄惨的情节是_____。

7贾府的"四春"分别是：孤独的_____、懦弱的_____、精明的_____、孤僻的_____，取"_____"之意。贾宝玉佩戴的玉叫_____，薛宝钗佩戴的是_____，史湘云佩戴的是_____。

8下面是贾宝玉在太虚幻境看到的判词，请指出这些判词分别预示了哪个女子的命运。

①可叹停机德，堪怜咏絮才。玉带林中挂，金簪雪里埋。（_____）

②根并荷花一茎香，平生遭际实堪伤。自从两地生孤木，致使香魂返故乡。（_____）

③凡鸟偏从末世来，都知爱慕此生才。一从二令三人木，哭向金陵事更哀。（_____）

❾宝玉梦游太虚幻境时，饮的仙茶叫_____，品的酒叫_____，听的歌曲名叫_____。

❿对《红楼梦》一书评说有误的两项是（　　　　）（　　　　）

A．长篇小说《红楼梦》代表了中国古典小说的最高成就，它不但在国内家喻户晓，在世界文坛上也是举世公认的文学名著。

B．《红楼梦》的初名叫《石头记》，它以手抄本的形式在社会上流传时，就受到人们的喜爱。《红楼梦》问世以后，人们争相阅读它，谈论它。同时，《红楼梦》也受到封建官僚和封建卫道者的推崇，把它作为教育孩子的教材。除此外，《红楼梦》还引起人们的研究兴趣，后来有了"红学"。

C．《红楼梦》小说内容丰富，涉及面广，书中人物众多、事件纷繁。为了展现生活的丰富性、复杂性，曹雪芹构建了一种精致细密、包容广大的布局方式，即网状结构方式。

D．曹雪芹是塑造人物的高手。在《红楼梦》中，有姓名称谓的人物达七百多个，每个人物都有自己的特色。另外，由于曹雪芹对诗词、金石、书画、医学、建筑、烹调、印染等各门学问都十分精通，所以在描写贵族家庭的饮食起居、园林建筑、家具器皿、服饰摆设、车轿排场时，都真实而细腻。

E．《红楼梦》中的诗词韵文，不仅艺术成就很高，而且大都符合人物的身份、思想、气质和性格特点。如同是咏柳絮，林黛玉表现出"好风凭借力，送我上青云"的"雄心"，薛宝钗表现出"飘泊亦如人命薄，空缱绻，说风流"的悲哀。

⑪ 下面关于四部中国古典名著的表述，正确的一项是（　　　　）

A．元代小说家施耐庵在《水浒传》中有诗句"不搽煤墨浑身黑，似着朱砂两眼红。力如牛猛坚如铁，撼地摇天黑旋风"。这描绘的是曾经大闹五台山的花和尚鲁智深。

B．"长坂桥头杀气生，横枪立马眼圆睁。一声好似轰雷震，独退曹家百万兵。"这是元末明初罗贯中在《三国演义》中赞颂"单骑救主"后又"大闹长坂桥"的赵子龙的诗句。

C．在明代小说家吴承恩所著的《西游记》中，自幼为僧的玄奘领唐太宗旨意到天竺国取三藏大乘佛法，他发誓不到西天，不取真经，断不回国；送别时，太宗捻土入酒，叮嘱他"宁恋本乡一捻土，莫爱他乡万两金"。

D．清代小说家曹雪芹在《红楼梦》第六十二回写宝玉过生日，与众女儿聚会大观园，吃酒，行令，划拳，好不热闹。宝钗先是命婆子"将门锁上！"不教外人进入，其间说了"这鸭头不是那丫头，头上那讨桂花油"的酒底，引得众人发笑；后来不胜酒力，醉卧于芍药花丛中，被一群蜂蝶闹穰穰的围着。

⑫ 《红楼梦》中有一个人物说："女儿是水做的骨肉，男人是泥做的骨肉。我见了女儿，我便清爽；见了男子，便觉浊臭逼人。"这句话是_____说的。你同意这种观点吗？为什么？

_____

⑬ 《红楼梦》的后四十回是怎么出现的？真的是偶于鼓担上得来的吗？

_____

⑭ 在抄检大观园事件中，园中主人主要写了谁？丫鬟主要写了谁？作者重点设计了哪些人的反应？这样设计有何作用？

_____

_____

⑮ "质本洁来还洁去，强于污淖陷渠沟。尔今死去侬收葬，未卜侬身何日丧？"这几句诗出自哪部名著的哪首诗？吟诗的是谁？这几句诗表现了她怎样的

思想性格？

16 一字品名著。

阅读中抓住一个字，往往能品读一部经典名著，下面这四个故事你认为应分别抓住哪一个字来解读呢？请将"勇、苦、智、痴"四个字分别正确地填在相应的括号内。

①火烧赤壁（　　　　）　　②武松打虎（　　　　　）
③香菱学诗（　　　　）　　④祥子拉车（　　　　　）

17 请结合《红楼梦》中第四十二回《蘅芜君兰言解疑癖　潇湘子雅谑补馀香》和第五十六回《敏探春兴利除宿弊　时宝钗小惠全大体》的有关内容，简述薛宝钗是如何让林黛玉心中暗服、让大观园里的下人敬重的。

18 《红楼梦》第三十二回《诉肺腑心迷活宝玉　含耻辱情烈死金钏》中有这样一段文字："不想刚走来，正听见史湘云说经济一事，A又说：'B不说这样混账话，若说这话，我也和他生分了。'B听了这话，不觉又喜又惊，又悲又叹。"

请问：这里的A、B分别是谁？人物B"喜""惊""悲""叹"的内容分别是什么？

第9课：中考名著常考
题型分析2

四大名著综合测试

❶ 有一位作家曾对自己的作品"披阅十载，增删五次"，这位作家的名字是_____。

❷ "女娲炼石补天时剩下一块石头，被丢弃在大荒山无稽崖青埂峰下。后被茫茫大士、渺渺真人带入红尘，历尽了离合悲欢。"以上情节出自我国古典名著_____。

❸ "_____"是《三国演义》的思想精髓和灵魂。俄国学者称赞《_____》是"一部真正具有丰富人民性的杰作"。

❹ 郑振铎先生在他的《中国文学研究》中曾以一条弧线表示《水浒传》的结构。这条弧线以_____为起点，步步上升，至梁山英雄排座次到达顶点，此后便逐渐下降，至_____降至终点。

❺ 《西游记》全书共分三大部分：前七回写_____的故事，是全书的精华部分，表现孙悟空的反抗精神；第八回至第十二回写_____的来历、魏徵斩蛇、唐太宗入冥府，交代取经的缘起；第十三回至第一百回写_____。

❻ 《红楼梦》中林黛玉住的院子叫_____，贾宝玉住的院子叫_____，探春住的院子叫_____，_____住在蘅芜院，_____住在稻香村。

❼ 《三国演义》中_____曾在曹营中杀得七进七出，最终将_____（人名）安全护送到刘备跟前。后来他在_____（事件）中再一次救了_____（人名）。

❽ 《三国演义》中有人说过"譬犹驽马并麒麟、寒鸦配鸾凤耳""无异周得吕望、汉得张良也"。说这话的人是_____，被赞誉的人是_____。

❾ 《水浒传》中"倒拔垂杨柳"的人物是＿＿＿＿＿；《三国演义》中"煮酒论英雄"的主要人物是＿＿＿＿＿、＿＿＿＿＿。

❿ 根据提示写出名著中的人物形象或相关事件。

（1）勉从虎穴暂栖身，说破英雄惊杀人。巧借闻雷来掩饰，随机应变信如神。

上面这首诗说的是《三国演义》中刘备和曹操的一段故事。这个故事是＿＿＿＿＿＿。

（2）夫英雄者，胸有大志，腹有良谋，有包藏宇宙之机，吞吐天地之志者也。

这段话论述的是关于"英雄"的见解，出自我国古典文学名著《三国演义》中的＿＿＿＿＿＿（人名）之口。

（3）一个是阆苑仙葩，一个是美玉无瑕。若说没奇缘，今生偏又遇着他；若说有奇缘，如何心事终虚化？

上面这首诗提示了《红楼梦》中一对青年男女的爱情悲剧。其中"阆苑仙葩"指的是＿＿＿＿＿，"美玉无瑕"指的是＿＿＿＿＿。

（4）在《水浒传》中，绰号为"智多星"的人是＿＿＿＿＿，也被称为"赛诸葛"。他与一伙好汉在黄泥冈上巧施功，干的一件大事是＿＿＿＿＿＿＿＿＿＿＿＿。

（5）"景阳冈打虎""醉打蒋门神"等说的是《水浒传》中一位传奇英雄的故事。这位英雄是＿＿＿＿＿。《花和尚倒拔垂杨柳　豹子头误入白虎堂》中的"豹子头"指的是＿＿＿＿＿。

（6）《西游记》中"大闹五庄观，推倒人参果树"的是＿＿＿＿＿。

（7）在《西游记》中，最能体现孙悟空具有反抗精神的故事情节是＿＿＿＿＿＿＿。

（8）在《红楼梦》中，有一个女子模样标致，语言爽利，心机极深细，但"机关算尽太聪明，反误了卿卿性命"，这个人是＿＿＿＿＿；还有一个女子寄人篱下，渴望真挚的爱情，但在森严冷漠的封建大家族中，只能凄婉地唱出"一年三百六十日，风刀霜剑严相逼"，这个人就是_____。

❶❶ "滚滚长江东逝水，浪花淘尽英雄。是非成败转头空：青山依旧在，几度夕阳红。"这是我国古典名著_____的开篇词。

❶❷ 《西游记》的作者运用了_____手法描绘了一个奇妙的神话世界。花果山水帘洞洞口的对联是"_____，_____"。

❶❸ 《西游记》中，师徒一行经过千难万险，终于修得正果，最后唐僧被如来佛封为_____，孙悟空被封为_____，猪八戒被封为_____，沙僧被封为_____，白龙马被封为_____。

❶❹ 根据名著补全下面的回目或根据回目写出作品名称。

（1）_____风雪山神庙　　陆虞候火烧草料场　（《水浒传》）

（2）_____煮酒论英雄　　关公赚城斩车胄　（《三国演义》）

（3）及时雨会神行太保　　黑旋风斗浪里白条　（《_____》）

（4）八卦炉中逃大圣　　五行山下定心猿　（《_____》）

❶❺ 下面的一副对联概括了诸葛亮一生的功绩。参考示例，从列出的六项中任意选出两项，写出具体所指。

收二川，排八阵，六出七擒，五丈原前，点四十九盏明灯，一心只为酬三顾；

取西蜀，定南蛮，东和北拒，中军帐里，变金木土爻神卦，水面偏能用火攻。

示例：三顾——三顾茅庐

六出：　　　　　　东和：　　　　　　收二川：

七擒：　　　　　　北拒：　　　　　　排八阵：

❶❻ 根据上联，从其他三部名著中选择合适的内容对出下联。

上联：足智多谋，孔明巧借箭。

下联：_____

⓱ 下面描写的人物分别是谁？用两三个词概括其主要性格特点。

（1）纶巾羽扇，身衣鹤氅，素履皂绦，面如冠玉，唇若抹朱，眉清目朗，身长八尺，飘飘然有神仙之概。

人物：＿＿＿＿＿＿，性格特点：＿＿＿＿＿＿

（2）头戴三叉束发紫金冠，体挂西川红锦百花袍，身披兽面吞头连环铠，腰系勒甲玲珑狮蛮带；弓箭随身，手持画戟，坐下嘶风赤兔马。

人物：＿＿＿＿＿＿，性格特点：＿＿＿＿＿＿

⓲ 《水浒传》中一百零八将个个都有一段精彩的故事，人人都有一个特征鲜明的外号。

（1）用一句话写出《水浒传》中你最熟悉的故事：＿＿＿＿＿＿＿

（2）写出《水浒传》中你喜欢的一位好汉的外号，并写出此外号表现出的人物特征。

＿＿＿＿＿＿＿＿＿＿＿＿＿＿＿＿＿＿＿＿＿＿＿＿＿＿＿

⓳ 《西游记》中的孙悟空是我们比较熟悉的艺术形象。请根据你的阅读体会，说出他令人赞颂的一种精神，并举例证明，语言要简洁。

＿＿＿＿＿＿＿＿＿＿＿＿＿＿＿＿＿＿＿＿＿＿＿＿＿＿＿
＿＿＿＿＿＿＿＿＿＿＿＿＿＿＿＿＿＿＿＿＿＿＿＿＿＿＿

⓴ 根据名著相关内容，选择正确的答案。

（1）在《三国演义》中有一位英雄，他曾温酒斩华雄、千里走单骑、刮骨疗毒，被后人敬仰并尊为中国的"武圣"，这位英雄是（　　　）。

A. 赵云　　　　　B. 关羽　　　　　C. 张飞　　　　　D. 马超

（2）以下故事情节中，以宋江为主要人物的是（　　　）。

A. 私放晁天王　　B. 景阳冈打虎　　C. 风雪山神庙　　D. 拳打镇关西

（3）孙悟空在五庄观曾经使用瞌睡虫，让清风、明月酣睡，从而为师徒四人赢得时间逃走。你知道瞌睡虫是哪里来的吗？（　　　）

A. 毫毛变的。　　　　　　　　B. 捉的。

C. 猜枚耍子赢的。　　　　D. 观音菩萨给的。

（4）贾宝玉神游太虚幻境前，跟随秦可卿来到一所房间，看到悬挂着《燃藜图》，对联是："世事洞明皆学问，（　　　）。"

A. 人情练达即文章　　　　B. 一片冰心在玉壶

C. 人间正道是沧桑　　　　D. 百无一用是书生

㉑ 仔细阅读《水浒传》《西游记》，选择合适的选项。

（1）下列对《水浒传》相关内容的表述中，错误的一项是（　　　）

A. 《水浒传》中的李逵，绰号"急先锋"，使两把板斧，力大如牛，为人粗中有细，爱憎分明。

B. 《水浒传》中杨志因杀死泼皮牛二，被打入死因牢，后刺配充军到北京大名府留守司，因押送生辰纲被吴用等人设计智取，走投无路，之后到二龙山落草。

C. 《水浒传》最伟大的贡献是塑造了大批鲜明生动的人物形象，如足智多谋的吴用、谦逊深沉的宋江、粗鲁豪放的李逵、粗中有细的鲁达。

D. 《水浒传》在说完一个故事后经常会出现"有诗为证"，例如"天理昭昭不可诬，莫将奸恶作良图。若非风雪沽村酒，定被焚烧化朽枯"这首"为证"之诗，就是出现在"林教头风雪山神庙"这个故事之后的。

（2）下列对《西游记》相关内容的表述中，错误的一项是（　　　）

A. 《西游记》第五十九回云："裙钗本是修成怪，为子怀仇恨泼猴。行者虽然生狠怒，因师路阻让娥流。"这段话中的"裙钗"指的是铁扇公主。

B. 孙悟空在龙宫索得金箍棒和一身披挂，惹恼了龙王四兄弟，被告到天庭。玉帝派太白金星下界招安，封悟空为"齐天大圣"。

C. 孙悟空的第一个师父是菩提老祖，孙悟空从菩提老祖处学到七十二变、筋斗云等神通。

D. 《西游记》中唐僧先后在五行山收了孙悟空，在云栈洞鹰愁涧收了白龙马，在云栈洞收了猪八戒，在流沙河收了沙和尚。师徒历经磨难，取得真经。

㉒仔细阅读四大名著，选择合适的选项，完成下面各题。

（1）下面是四大名著中的人物与情节，其中搭配不当的一项是（　　　）

A. 鲁智深——倒拔垂杨柳　　B. 孙悟空——大闹天宫

C. 诸葛亮——三顾茅庐　　　D. 刘姥姥——三进大观园

（2）对四大名著中的人物和情节描述不正确的一项是（　　　）

A. 白骨精是唐僧师徒西天取经途中所遇到的一个妖怪，她曾先后变成年轻女子、老妇人和老公公来哄骗唐僧师徒，但都未能逃过孙悟空的火眼金睛。（《西游记》）

B. 劫取生辰纲之事败露后，晁盖等人投奔梁山，梁山大头领王伦不肯接纳，这让林冲十分气愤，他火并王伦，尊晁盖为山寨之主。（《水浒传》）

C. 曹操是魏国的奠基者，他一生东征西讨，打了许多胜仗，但也有打败仗的时候，如官渡战袁绍、赤壁遇周瑜、华容逢关羽时，他都惨遭失败。（《三国演义》）

D. 贾宝玉是贾母最宠爱的孙子，他和林黛玉青梅竹马，真心相爱。在贾母等人的安排下，他最终却娶了薛宝钗为妻。（《红楼梦》）

㉓阅读下面的选段，按要求答题。

喊声未绝，曹操身边夏侯杰惊得肝胆碎裂，倒撞于马下……马似山崩，自相践踏。后人有诗赞曰："长坂桥头杀气生，横枪立马眼圆睁。一声好似轰雷震，独退曹家百万兵。"

（1）上面这段文字选自我国古典四大名著之一的《三国演义》，作者是_____。另外三部古典名著是《_____》《_____》《_____》。

（2）《三国演义》塑造了诸葛亮、曹操、周瑜、刘备、关羽、张飞等一大批性格鲜明的人物形象。请从上面列举的人物中选择一位，并结合具体的事例或诗文对该人物形象做简评，40字左右。

人物：_____

简评：_____

❷❹ 阅读下面的名著片段，完成后面各题。

洪教头深怪林冲来，又想赢得这锭银子，又怕输了锐气，把棒来尽心使个旗鼓，吐个门户，唤作把火烧天势。林冲想道："柴大官人心里只要我赢他。"也横着棒，使个门户，吐个势，唤作拨草寻蛇势。洪教头喝一声："来，来，来！"便使棒盖将入来。林冲往后一退，洪教头赶入一步，提起棒又复一棒下来。林冲看他步已乱，把棒从地下一挑，洪教头措手不及，就那一挑里，林冲和身一转，那棒直扫着洪教头小腿骨上。洪教头撇了棒，扑地倒了。柴进大喜，叫："快将酒来把盏。"众人一齐大笑。 （有删改）

（1）这个文段选自我国古典名著《＿＿＿＿＿》，作者是元末明初的小说家＿＿＿＿＿＿。

（2）从两人比武的过程中，可以看出洪教头怎样的性格特点？

＿＿＿＿＿＿＿＿＿＿＿＿＿＿＿＿＿＿＿＿＿＿＿＿＿＿＿＿＿＿＿

（3）根据选段的人物形象，续写下联。

上联：（林教头）内敛果敢获胜

下联：（洪教头）＿＿＿＿＿＿＿＿＿＿＿＿

❷❺ 阅读下面的文字，完成题目。

悟空打死小妖，变作它的模样，来到妖怪母亲门前，叫开了门，道："我是平顶山莲花洞差来请老奶奶的。"到了二层门下，闪着头往里观看，见那正当中高坐着一个老妈妈。

悟空见了，在二门外捂着脸，脱脱的哭起来。你道他哭怎的，莫成是怕他？就怕也便不哭，况先哄了他的宝贝，又打杀他的小妖，却为何而哭？他当年曾下九鼎油锅，炸了七八日也不曾有一点泪。只为想起唐僧取经的苦恼，他就泪出痛肠，心想道："老孙既显手段，变作小妖，来请这老怪，没有个直直的站了说话的道理，一定见他磕头才是。我为人做了一场好汉，止拜了三个人：西天拜佛祖，南海拜观音，两界山（即五行山）师父救了我，我拜了他四拜。为他使碎了肝肺，用尽了心。一卷经能值几何？今日却教我去拜此怪。若不跪拜，必定走了风汛。苦啊！算来只为师父受困，故使我受辱于人！"到此际也没奈何，撞将进去，朝上跪下道："给奶奶磕头。"老怪问道："你是那里来的？"悟空道："平顶山莲花洞，二位大王差来请奶奶去吃唐僧肉。"老怪大喜道："好孝顺的儿子！"就叫抬出轿来。

（节选自《西游记》第三十四回，有改动）

（1）选文中孙悟空说"两界山（即五行山）师父救了我"，请联系选文之前的情节，用简洁的语言说说孙悟空被压在两界山下的原因。

_____

（2）选文中，一向坚强勇敢的孙悟空却"哭"了，并"跪"在老妖怪面前，这反映了他什么样的性格特点？

_____

❷❻阅读下面《红楼梦》选段，根据原著故事情节，回答问题。

（尤三姐）一听贾琏要同他出去，连忙摘下剑来，将一股雌锋隐在肘内，出来便说："你们也不必出去再议，还你的定礼！"一面泪如雨下，左手将剑并鞘送与湘莲，右手回肘，只往项上一横。可怜：揉碎桃花红满地，玉山倾倒再难扶！

（节选自《红楼梦》第六十六回）

（1）尤三姐还的"定礼"是_____。

（2）尤三姐自杀、柳湘莲离开了贾琏新房后，他又发生了哪些事？

_____

❷❼名著阅读。

（1）阅读下列片段，然后回答问题。

【甲】武松前后共吃了十五碗，绰了梢棒，立起身来道："我却又不曾醉。"走出门前来，笑道："却不说'_____不过冈'！"手提_____便走。

【乙】操曰："适见枝头梅子青青……今见此梅，不可不赏。又值煮酒正熟，故邀使君小亭一会。"玄德心神方定。随至小亭，已设樽俎：盘置青梅，一樽煮酒。二人对坐，开怀畅饮……操遂不疑玄德。

①【甲】文"_____"处依次应填入的内容，正确的一项是（　　　）

A. 三碗　朴刀　　　　　B. 六碗　梢棒

C. 九碗　钢叉　　　　　D. 三碗　梢棒

②下列内容与【乙】文故事情节不相关的一项是（　　　）

A. 刘备亲自到后园种菜，以为韬晦之计。

B. 曹操指称自己和刘备为当今天下英雄。

C. 赵云进门欲斩曹操，被刘备制止。

D. 刘备闻言失惊落筷，时值雷声大作。

（2）阅读选文，回答问题。

那八戒食肠大，口又大，一则是听见童子吃时，便觉馋虫拱动，却才见了果子，拿过来，张开口，毂辘的圈圆吞咽下肚，却白着眼胡赖，向行者、沙僧道："你两个吃的是甚么？"沙僧道："_____。"八戒道："甚么味道？"行者道："悟净，不要睬他！你倒先吃了，又来问谁？"八戒道："哥哥，吃得忙了些，不像你们细嚼细咽，尝出些滋味。我也不知有核无核，就吞下去了。哥啊，为人为彻，已经调动我这馋虫，再去弄个来，老猪细细的吃吃。"

①上文段节选自古典名著《西游记》，文中沙僧的回答是：_____。

②整件事是在师徒四人西天取经途中经过_____时发生的，后来事情败露，两个童子不依不饶。悟空一怒之下把_____树推倒。_____知道此事后把唐僧一行人抓了起来，逼他医好树。悟空求各路神仙都不能解救，最后千方百计把_____请到那里，终于把树救活。

③下面与猪八戒有关的选项是（　　　）

A. 高老庄　　　B. 五行山　　　C. 戏嫦娥　　　D. 大闹天宫

E. 金身罗汉　　F. 净坛使者　　G. 贪吃懒做　　H. 慈悲坚韧

（3）《水浒传》最后一回写：宋江喝了朝廷御赐的毒酒，自知遭奸人陷害，将不久于人世，虽然自己"死不争"，但担心兄弟李逵在自己死后闹事，"把我等一世清名忠义之事坏了"，于是唤李逵来，在给他的酒里面"下了慢药"。请阅读下面与此事有关的一段文字，完成后面的题目。

李逵见说，亦垂泪道："罢，罢，罢！生时伏侍哥哥，死了也只是哥哥部下一个小鬼。"言讫泪下，便觉道身体有些沉重。当时洒泪，拜别了宋江下船。回到润州，果然药发身死。李逵临死之时，付嘱从人："我死了，可千万将我灵柩去楚州南门外蓼儿洼，和哥哥一处埋葬。"嘱罢而死。从人置备棺椁盛贮，不负其言，扶柩而往。

①从这段文字中，可以看出李逵性格中_____的一面，从全文来看，他的性格还有_____的一面。

②《水浒传》中一百零八将的结局大都悲惨，原因是什么？请你用一句话概括。

_____

㉘四大名著阅读理解题。

（1）阅读下面《三国演义》选段，根据原著故事情节，回答问题。

忽见徐庶拍马而回。玄德曰："元直复回，莫非无去意乎？"遂欣然拍马向前迎问曰："先生此回，必有主意。"庶勒马谓玄德曰："某因心绪如麻，忘却一语：此间有一奇士，只在襄阳城外二十里隆中。使君何不求之？"

（节选自《三国演义》第三十六回）

①此前发生的什么事情使徐庶不得不离开刘备？

_____

②此后他们各做了什么事情？

_____

_____

（2）阅读下面《水浒传》选段，完成后面的问题。

林冲道："你看我命苦么！等了三日，甫能等得一个人来，又吃他走了。"

小校道："虽然不杀得人，这一担财帛可以抵当。"林冲道："你先挑了上山去，我再等一等。"……只见山坡下转出一个大汉来，……只见那汉子……生得七尺五六身材，面皮上老大一搭青记，……林冲正没好气，……抢将来斗那个大汉。

（节选自《水浒传》第十一回、第十二回）

①林冲的绰号是_____，"那汉子"是_____。

②林冲"斗那个大汉"的原因是什么？结果怎样？

_____

_____

（3）阅读《西游记》选段，完成文后题目。

唐僧见他言言语语，越添恼怒，滚鞍下马来，叫沙僧包袱内取出纸笔，即于涧下取水，石上磨墨，写了一纸贬书，递于行者道："猴头！执此为照！再不要你做徒弟了！如再与你相见，我就堕了阿鼻地狱！"

（节选自《西游记》第二十七回）

①唐僧因何事写下"贬书"？

_____

②唐僧如此绝情，悟空后来又是因为什么回到唐僧身边、重返取经路的？

_____

（4）阅读曹雪芹《红楼梦》中"宝玉挨打"后的一段文字，然后回答问题。

_____见他睁开眼说话，不像先时，心中也宽慰了好些，便点头叹道："早听人一句话，也不至今日。别说老太太、太太心疼，就是我们看着，心里也疼。"刚说了半句，又忙咽住，自悔说的话急了，不觉的就红了脸，低下头来。

①选段中探望宝玉的人是_____。

②从这段文字中可以看出此人心里的何种矛盾？

_____

❷❾ 简答题。

（1）《三国演义》中，许攸背弃袁绍的原因有哪些？他投奔曹操后献上了什么计策？

_____

_____

（2）林冲，梁山著名英雄，本是"东京八十万禁军枪棒教头"，却走上了反抗之路。林冲被发配到达沧州后，是怎样被"逼上梁山"的？请简述主要情节。

_____

_____

（3）菩提祖师给美猴王取了什么姓名？请简述美猴王到东海龙宫取兵器的过程。

_____

_____

（4）请简要分析《红楼梦》第五回在小说结构上的作用。

_____

_____

（5）在曹操败走华容道的情节中，曹操一共有几次大笑？如何理解曹操的大笑？（从曹操的角度分析）

_____

_____

（6）《水浒传》中原本安分守己、隐忍退让的林冲最后被逼上了梁山。请简要概括两个能反映林冲隐忍退让性格的情节。

_____

_____

（7）简述《西游记》中"四圣试禅心"（四个菩萨化身母女试探师徒四人

禅心）的情节。

_____

_____

（8）《红楼梦》第二回《贾夫人仙逝扬州城　冷子兴演说荣国府》提到了贾宝玉取名和抓周的情况，为《红楼梦》里主要人物情节的推进定下了基调。请简要叙述这两件事。

_____

_____

❸⓿ 阅读选文，回答问题。

……传了号令，看看近夜，严颜全军尽皆饱食，披挂停当，悄悄出城，四散伏住，只听鼓响；严颜自引十数裨将，下马伏于林中。约三更后，遥望见张飞亲自在前，横矛纵马，悄悄引军前进。去不得三四里，背后车仗人马陆续进发。严颜看得分晓，一齐擂鼓，四下伏兵尽起。正来抢夺车仗，背后一声锣响，一彪军掩到，大喝："老贼休走！我等的你恰好！"严颜猛回头看时，为首一员大将，豹头环眼，燕颔虎须，使丈八矛，骑深乌马：乃是张飞。四下里锣声大震，众军杀来。严颜见了张飞，举手无措，交马战不十合，张飞卖个破绽，严颜一刀砍来，张飞闪过，撞将入去，扯住严颜勒甲绦，生擒过来，掷于地下；众军向前，用索绑缚住了。原来先过去的是假张飞。料道严颜击鼓为号，张飞却教鸣金为号：金响诸军齐到。川兵大半弃甲倒戈而降。

（选自人民文学出版社，1953年版）

（1）选文出自中国古典名著《_____》，作者是元末明初小说家_____（人名）。

（2）严颜乃巴蜀名将，既能征战沙场，又能排兵布阵，最终却为张飞所擒。选文多处提到张飞擒严颜的方法，请写出一处来。

_____

（3）在文学作品中，性格可谓是人物的第一生命，能使人物形象立体可感。选文体现了张飞怎样的性格特点？请结合文中一处内容简要回答。

㉛ 阅读下面一段文字，按要求回答问题。

戴宗问道："在楼下作闹的是谁？"过卖道："便是如常同院长走的那个唤作铁牛李大哥，在底下寻主人家借钱。"戴宗笑道："又是这厮在下面无礼，我只道是甚么人。兄长少坐，我去叫了这厮上来。"戴宗便起身下楼去，不多时引了那个人上楼来。宋江看见了吃一惊。看那人生得如何？但见：……宋江见了那人，便问戴宗道："院长，这大哥是谁？"戴宗道："这个是小弟身边牢里一个小牢子，姓李名逵，祖贯是沂州沂水县百丈村人氏。本身一个异名，唤作黑旋风李逵。他乡中都叫他作李铁牛。因为打死了人，逃走出来。虽遇赦宥，流落在此江州，不曾还乡。为因酒性不好，多人惧他。能使两把板斧，及会拳棍。见今在此牢里勾当。"李逵看着宋江，问戴宗道："哥哥，这黑汉子是谁？"戴宗对宋江笑道："押司，你看这厮怎么粗卤，全不识些体面！"李逵便道："我问大哥，怎的是粗卤？"

（1）作者在《水浒传》中，能够借助人物出场的艺术处理，深入细致地活画出同类性格的独特个性，选段是对_____（绰号）李逵出场的描写，是通过_____来写的。这样写有什么作用？

（2）从选文可以看出李逵有着怎样的性格特点？

（3）赏析李逵出场后的第一句话"哥哥，这黑汉子是谁？"的表达效果。

㉜ 阅读下面的名著选段，完成文后的问题。

行者笑道："老人家，茶饭倒不必赐。我问你，铁扇仙在那里住？"老者道："你问他怎的？"行者道："适才那卖糕人说，此仙有柄'芭蕉扇'，求将来，一扇熄火，二扇生风，三扇下雨，你这方布种收割，才得五谷养生。我欲寻他讨来扇熄火焰山过去，且使这方依时收种，得安生也。"老者道："固有此说；你们却无礼物，恐那圣贤不肯来也。"三藏道："他要甚礼物？"老者道："我这里人家，十年拜求一度。四猪四羊，花红表里，异香时果，鸡鹅美酒，沐浴虔诚，拜到那仙山，请他出洞，至此施为。"行者道："那山坐落何处？唤甚地名？有几多里数？等我问他要扇子去。"老者道："那山在西南方，名唤翠云山。山中有一仙洞，名唤芭蕉洞。我这里众信人等去拜仙山，往回要走一月，计有一千四百五六十里。"行者笑道："不打紧，就去就来。"那老者道："且住，吃些茶饭，办些干粮，须得两人做伴。那路上没有人家，又多狼虎，非一日可到。莫当耍子。"行者笑道："不用，不用！我去也！"说一声，忽然不见。那老者慌张道："爷爷呀！原来是腾云驾雾的神人也！"

（1）选文中孙悟空想借"芭蕉扇"的目的是：_____；_____。

（2）结合选文中的语言描写，分析孙悟空这一人物形象。

_____

_____

（3）联系原著，概述孙悟空三次借调"芭蕉扇"的经过。

_____

_____

❸ 阅读下面《红楼梦》的选段，回答后面的问题。

雨村一面打恭，谢不释口，一面又问："不知令亲大人现居何职？只怕晚生草率，不敢遽然入都干渎。"如海笑道："若论舍亲，与尊兄犹系同谱，乃荣公之孙。大内兄现袭一等将军之职，名赦，字恩侯。二内兄名政，字存周，现任工部员外郎。其为人谦恭厚道，大有祖父遗风，非膏粱轻薄仕宦之流，故弟方致书烦托。否则不但有污尊兄之清操，即弟亦不屑为矣。"雨村听了，心下方信了昨日子兴之言，于是又谢了林如海。如海乃说："已择了出月初二日小女入都，尊兄即同路而往，岂不两便？"雨村唯唯听命，心中十分得意。如海遂打点礼物并饯行之事，雨村一一领了。

（1）"只怕晚生草率，不敢遽然入都干渎。"雨村表面好似知书达理而且彬彬有礼，他急不可待追问的真实意图是什么？

_____

_____

（2）"雨村唯唯听命，心中十分得意"，雨村十分得意的主要原因是什么？请写出后文中涉及这个人物的主要情节。

_____

_____

❸❹ 从下面两个故事中选择一个，结合相关情节，写出主人公是如何运用自己的智慧获胜的。

①斗金角大王、银角大王　　　　②三打祝家庄

_____

_____

❸❺ 文学作品中人物的姓名往往体现作家的匠心。它们或体现了人物性格，或暗示了人物命运，或寄寓了作者态度，或暗示了文章主旨。下列小说中的人物姓名有哪些深意？请选择其中一个，结合小说有关内容写出你的理解。

鲁达（《水浒传》）　　　　　　关羽（《三国演义》）

猪八戒（《西游记》）　　　　　香菱（《红楼梦》）

_____

_____

_____

····参考答案····

-------------------------------- 三国演义 --------------------------------

考题点击

❶ 关羽　大意失荆州（单刀赴会，水淹七军，败走麦城，古城会斩蔡阳，义释老黄忠，等等）

❷ 周瑜　蒋干

❸ C

❹ C

❺ 孔明　白帝城托孤　刘备兵败病重，自知将不久于人世

❻（1）刘备（刘玄德，玄德）　（2）曹操煮酒论英雄（煮酒论英雄，青梅煮酒论英雄）

❼（1）甲：张飞；乙：林冲

（2）张飞：①性格特征：威猛、粗犷、鲁莽、直爽、疾恶如仇、敬爱君子、不体恤士卒等。②相关情节：桃园三结义、当阳吓死夏侯杰、怒鞭督邮、智取瓦口隘大破张郃、酒醉误事、痛失徐州、义释严颜等。

林冲：①性格特征：武艺高强、安分守己、委曲求全、逆来顺受、忍辱负重、循规蹈矩、上梁山之后精明果敢等。②相关情节：误闯白虎堂、风雪山神庙、火烧草料场、雪夜上梁山、火并王伦、棒打洪教头等。

❽ 首先一个是小说，一个是史书。其次小说作者以刘备、诸葛亮为小说主要人物，表现其特点的事件肯定要详写。而在《三国志》中，这只是历史进程中的一个小事件，所以略写。

❾ 示例1：《三国演义》中，刘备是蜀国团队的中心人物。他心系黎民，胸怀

天下，广布仁义，使关羽、张飞、诸葛亮、赵云、黄忠等文武忠臣聚集左右，赢得了三分天下的局面。示例2：《水浒传》中，宋江是一百零八将中的核心人物。他带领兄弟们聚义梁山，改"聚义厅"为"忠义堂"，接受朝廷的招安，接连出征辽国、田虎、王庆、方腊等。示例3：《西游记》中，唐僧是师徒四人的中心。他虽然个性懦弱，手无缚鸡之力，但是有着坚定的信念。在去往西天的路上，凶险不断，金钱、美女、权位的诱惑层出不穷，面对这些，唐僧从来没有抱怨退缩过，也从未说过放弃的话，他平静面对，凭借坚定的信念带领徒弟们取得真经。

❿ 示例1：我更赞成刘表的观点。刘备仁慈，怜爱百姓，如新野战败后，即便有被曹军追上的危险，他也始终不肯舍弃跟随他的百姓。

示例2：我更赞成吕布的观点。刘备看似仁义，但为了个人的霸业，确有失信之举，如他向东吴借荆州，虽一再说要还，但最终还是有借无还。

⓫ 示例1：A。为报刘备的知遇之恩，赵云奋不顾身，大战长坂坡，截江夺阿斗（或单骑在长坂坡曹军中七进七出，救出刘备之子阿斗）。

示例2：C。为了报答刘备的知遇之恩，诸葛亮殚精竭虑，南征北战，七擒孟获，六出祁山，不屈不挠，抱恨死于五丈原。

示例3：D。为维护兄弟情义给关羽报仇，刘备不顾一切，亲率大军讨伐东吴（或摆七百里长蛇阵，发动彝陵之战），大败于东吴陆逊，病死在白帝城。

模拟训练

❶ 赵云　张飞　马超

❷ 赤壁　周瑜　曹操

❸ 火烧博望坡　火烧新野　火烧赤壁　新官上任三把火

❹ C

❺ A

❻ ABCDE

❼ ABC

❽ A. （错） 改正为：曹操（次子）是曹丕，为曹操之妻卞氏所生，因（感寒疾）而亡故。

B. （对）

C. （对）

D. （错） 改正为：曹操父名曹嵩，因花钱买官而官居太尉。后曹操欲接父亲来山东，路经徐州时，（陶谦派张闿护送，没想到他）图财害命，半路杀害曹氏全家。

E. （错） 改正为：吴将陆逊火烧蜀营七百余里后，追至鱼腹浦，遇到（孔明）所置"十万精兵"，后为（诸葛亮的岳父）黄承彦所释。

❾ 姜维——刘禅——蜀

陆逊——孙休——吴

杜预——司马炎——晋

司马懿——曹丕——魏

❿ （1）诸葛亮 （2）三顾茅庐（或六出祁山、草船借箭、七擒孟获等）

⓫ 张飞（张翼德） 关羽（关云长） 三国演义

⓬ 歇后语：诸葛亮挥泪斩马谡——顾全大局

故事情节：司马懿派兵来夺街亭，马谡纸上谈兵，自以为是，导致街亭失守。之前马谡曾立下军令状，诸葛亮虽不忍心，但为顾全大局，也只能处置马谡。

⓭ （1）关羽 （2）诸葛亮

⓮ 周瑜

⓯ （1）青梅煮酒论英雄 （2）望梅止渴

（3）匙箸因吃惊落地，巧借闻雷掩饰。

（4）曹操、诸葛亮。第二问答案不唯一，言之成理即可。

⓰ （1）《三国演义》 罗贯中 （2）示例：①刘备、关羽、张飞是为了

"救困扶危、上报国家、下安黎庶"的共同理想而桃园结义的。②今天我们在交朋友、结兄弟情义的时候，也需要有报效国家的远大理想，不能无原则，意气用事。

❼ 彝陵之战。刘备为重新夺取荆州、替关羽报仇，对孙吴大举进攻。开战之初，蜀军步步进逼，吴军节节败退。后来孙权拜陆逊为大都督，指挥战事。陆逊胸有成竹，先是坚守关隘，后及时抓住战机，采用火攻，蜀军的四十多座军营，顷刻之间变成一片火海，全线崩溃。这次大战以蜀军彻底大败而告终。

❽ 刘备、关羽、张飞桃园三结义。结拜时他们立下的誓言是："念刘备、关羽、张飞，虽然异姓，既结为兄弟，则同心协力，救困扶危；上报国家，下安黎庶；不求同年同月同日生，只愿同年同月同日死。皇天后土，实鉴此心。背义忘恩，天人共戮！"

·········· 水浒传 ··········

考题点击

❶【甲】C 【乙】A 【丙】B

❷ ①B ②D

❸ 鲁智深 花和尚 倒拔垂杨柳 林冲

❹ 吴用 使时迁盗甲、巧用双掌连环计、赚金铃吊挂、智赚玉麒麟、智取大名府、布四斗五方旗等（任选其中一个故事情节即可）

❺（1）林冲 （2）林冲先前不杀两个公人，是因为他不想罪上加罪，对统治者抱有希望，还想回到东京去；后杀三人是因为他看清了统治者的真面目，不再抱有任何希望，毅然决定杀了他们走上反抗道路，这反映了林冲的性格从委曲求全、妥协忍让转变为敢于反抗。

❻ 仗义 林冲 高太尉派人杀林冲，火烧草料场，林冲一怒杀了陆虞候三

人，被逼上梁山。

❼（1）A （2）鲁达几番与人争斗，皆因打抱不平。为救金氏父女，打死镇关西，因而上五台山出家；为救刘太公女儿，痛打"小霸王"周通；为保护林冲，一路暗中相随，于野猪林出手相救。他虽然性急，但心思缜密；虽然粗鲁，但心地善良。他疾恶如仇，是一个义薄云天的真汉子。

❽ 宋江醉酒后在浔阳楼题反诗；戴宗送假信被识破，沦为阶下囚；众好汉为救宋江和戴宗，在江州劫法场。

❾（1）鲁智深 （2）鲁智深大闹五台山、倒拔垂杨柳等。

❿（1）水浒传

（2）因为这两个公人被陆虞候收买，一路上百般折磨林冲，并要在野猪林杀害林冲。（答出"他们要杀害林冲或鲁智深要救林冲"即可）

（3）示例：给我印象最深的是武松，武松打虎的情节充分体现了武松酒量大、胆子大、力气大的特点。他不但能够赤手空拳打死老虎，而且有勇有谋。武松上山前怕酒保害他，这是"谋"，但是到了山顶看见官府告示后，知道老虎是真的有，却不肯走回头路，表现了他的好面子。武松打老虎时先利用技巧躲过老虎的三个绝招，再次表现他的"谋"，再抓住机会狠狠击打老虎的致命部位，表现了他的"勇与谋"。打死老虎以后，自己思量没了力气，赶紧下山寻求帮助，这又是他有谋的表现。

⓫（1）拒绝晁盖等众豪杰在梁山入伙。（意思对即可） （2）为林冲所杀。（或"林冲火并王伦"，意思对即可）

⓬（1）画线句运用了神态描写，形象生动地描绘出两个公人又惊又怕的神情，侧面衬托出鲁智深声势猛、动作快、力气大。 （2）拳打镇关西，大闹桃花村，火烧瓦罐寺。

⓭（1）郑屠欺负金氏父女，鲁提辖决定打抱不平。

（2）鲁智深阻止店小二通风报信，为金氏父女离开争取时间；鲁提辖来到郑屠的肉铺，故意刁难，激怒郑屠；鲁智深拳打郑屠后，称郑屠诈死，顺利脱身逃离。

⑭ （1）真假李逵。（2）富有反抗精神、疾恶如仇、有勇无谋、做事不计后果。

⑮ 武松。不爱钱财、不恋权贵、看破红尘。

⑯ （1）在黄泥冈劫走梁中书送给蔡京的生辰纲

（2）用谎言骗取何涛的信任，表明协力办差的决心；以知县未"坐厅"为由，拖延何涛与知县相见；以分拨家务为由，脱身去给晁盖报信；安排直司见机行事稳住何涛，拖延时间；快马加鞭，亲自赶到晁盖庄上报信商议。

（3）示例：

第一种：因吃了官司或逃避官司而被逼上梁山的，如林冲（或宋江、武松、晁盖、鲁智深、杨志、柴进、雷横、石秀）。

第二种：原来就分散在各山头做寨主强人，自愿加入的，如王英。

第三种：本就在江湖上做偷盗打劫勾当，主动投奔的，如孙二娘。

第四种：因与梁山泊或其他山头好汉结交而随之上山的，如李逵。

第五种：被梁山用计赚来的或硬拉上山的，如秦明。

第六种：被梁山打败后拉去入伙的，如扈三娘（写出其中四种即可）。

⑰ （1）（林冲）误入（闯）白虎堂（或林冲被诱入白虎堂；高太尉诱林冲入白虎堂）

（2）小心谨慎，如林冲多次发现疑处并立住脚；懦弱、隐忍，如听说太尉召唤即去，见到太尉"向前声喏""躬身禀道"。（意近即可）

模拟训练

❶ 施耐庵　官逼民反

❷ 逆来顺受　反抗

❸ 野猪林

❹ D

❺ A

❻ 花荣　小李广　营救宋江

❼ 武松打虎　李逵负荆请罪（李逵负荆）　林冲雪夜上梁山（林教头风雪山神庙）

❽ 鲁提辖拳打镇关西；宋江义放晁盖。

❾ 武松景阳冈打虎（或武松醉打蒋门神）。

❿ 林冲中高俅奸计，误入白虎堂。

⓫ 杨志　杨志卖刀　杨志打死牛二，到官府自首，被发配充军，宝刀遭没收

⓬ （1）原因：晁天王听说曾头市的史文恭和曾家五虎发誓与山寨势不两立，并要捉尽山寨头领，心中大怒。目的：捉拿史文恭及曾家五虎。（2）晁天王脸中毒箭。

⓭ （1）林冲　肖像（外貌）描写　（2）林冲误入白虎堂（林冲献刀）；林冲刺配沧州；林冲野猪林被救；林冲棒打洪教头；林冲风雪山神庙；林冲雪夜上梁山（林冲梁山落草）；林冲火并王伦；林冲生擒扈三娘；林冲曾头市救晁盖；林冲大战关胜；林冲勇救卢俊义。（写出其中任意三个即可）

⓮ （1）武松血溅鸳鸯楼　（2）示例："蒋门神急待挣扎时，武松早落一刀，劈脸剁着，和那交椅都砍翻了"，句中的"落""劈""剁"等字形象生动地体现了武松动作轻快、武艺高强、疾恶如仇的特点。　（3）敢作敢为、直爽无畏。

⓯ （1）水浒传　（2）以人搏虎，很危险，胆怯是人之常情，这样写能使小说内容真实可信。（3）制造悬念或突出武松徒手打虎的本领。

⓰ （1）借助了动作、心理等描写手法。　（2）自视颇高，壮志未酬，不满现状，想做大事。　（3）"刺文双颊"是因为怒杀阎婆惜。在攻打曾头市时，晁盖身死，为晁盖报仇并打下东平府和东昌府后，他坐上了梁山第一把交椅。

⓱ 因为要"去东南方巽地上一千里之外"必须经过梁山泊，吴用的用意是

等卢俊义路过梁山泊时，擒他上山入伙。（意思对即可）而四句卦歌则暗藏"卢俊义反"的玄机。

⑱ 认同。为了让朱仝上山，李逵遵命杀小衙内，可见其奴性。

不认同。李逵误以为宋江强抢民女，便砍倒杏黄旗，还想要杀宋江，可见他并不一味地以宋江的意见为主。（言之有理即可）

⑲ 一方面，我们应该看到，水浒英雄多为行侠仗义打抱不平而"打杀"，是正义的行为；另一方面我们也要认识到他们以"打杀"来解决问题，有过于冲动鲁莽之嫌。

⑳ 示例1：林冲　山神庙怒杀帮凶、柴进庄棒打教头。示例2：武松　醉打蒋门神、斗杀西门庆。

------------------------------ 西游记 ------------------------------

考题点击

❶ ①牛魔王　三昧真火　红孩儿　②观音　善财童子

❷ 那猴说愿保唐僧取经，做他的徒弟　观音菩萨　上山顶去把如来佛祖的金字压帖揭起（意思对即可）

❸ 沙僧（或沙和尚、沙悟净）　金身罗汉

❹ 悟空杀盗贼　三打白骨精　真假美猴王　师徒关系融洽

❺ 镇元大仙　孙悟空推倒（毁掉）了结人参果的树

❻ （1）孙悟空（孙行者、孙猴子）

（2）孙悟空大闹天宫、孙悟空三打白骨精等

❼ （1）她的女儿（白骨精）

（2）悟空知道自己打死的是妖精，老妈妈与妖精不可能有关系；自己刚打死"女儿"，老妈妈就来找"女儿"不可能。

❽ （1）吴承恩　西游记　（2）罗刹女（铁扇公主）　她的儿子红孩儿在火

云洞捉了唐僧"要蒸要煮"，孙悟空请观音菩萨帮忙，红孩儿被观音菩萨收作善财童子，母子分离，所以她"为子怀仇恨泼猴"。

❾ D

❿ B

⓫ （1）吴承恩　　（2）B　（3）示例1：喜欢。因为猪八戒憨厚、质朴、善良、可爱。　示例2：不喜欢。因为猪八戒贪吃、好色、懒惰、爱挑拨离间，取经意志不坚定。（答案不唯一，言之成理即可）

⓬ 真君从未见过旗竿竖在庙宇后面。本领再大的人也难免有弱点；假象总是难掩破绽；生活常识有助于人识别真相。

⓭（1）鹰愁涧收白龙马　云栈洞收猪八戒

（2）①示例1：选段通过"按不住心头火发道""使一个性子""将身一纵"等语句，表现了孙悟空任性（急躁、率性）的性格。示例2：选段通过孙悟空"不必恁般绪咭恶我，我回去便了"等语言，表现了孙悟空任性（急躁、率性）的性格。

②示例1：孙悟空打死白骨精后，唐僧赶他走，孙悟空向师父下拜告别，嘱咐沙师弟，止不住流泪，表现了孙悟空重师徒之情。与第一次离队的表现相比，孙悟空由任性急躁变得成熟稳重，说明他成长了。示例2：孙悟空打死了一群草寇，唐僧赶他走，孙悟空苦求不成，离开后又回来向师父求饶，被拒后，向观音菩萨求助。与第一次离队时的表现相比，孙悟空能理性地处理问题，说明他成长了。

⓮（1）孙悟空拔了一根毫毛变作半截身子，在葫芦底，真身却变成一个蟭蟟虫儿，钉在那葫芦口边，乘二魔揭起帖子看时飞出去了。

（2）示例1：孙悟空拥有人的聪明才智，如选文中写他连说"天呀！孤拐都化了！""娘啊！连腰截骨都化了！"哄骗二魔揭开葫芦。

示例2：孙悟空具有人爱清洁（怕脏）的特点，开始想撒尿使葫芦摇得响来哄骗妖怪，但因为怕"污"到衣服而没做。

示例3：孙悟空虽然聪明但也有粗心大意的一面，他明知喊了名字要是答应，就会被收进葫芦里，但仍然心存侥幸，以为不是真名就没事，结果却被装了进去。

⑮（1）介绍石猴的出生和他成为美猴王的经过。

（2）菩提祖师。"猢狲"的"狲"字去了兽旁，是个子系。子者儿男也，系者婴细也，便教姓"孙"。（答出"猢狲"的"狲"去掉兽旁即可）

（3）①动作描写，用"蹲""纵""跳""睁"等一系列的动词写出了石猴的动作连贯，身手好。（或神态描写，写石猴"瞑目""睁睛"等神态，刻画了石猴的勇敢机敏，本领高强）　②"大造化，大造化"运用反复的修辞手法，形象地刻画了石猴找到了猴儿们安身之处后的激动和兴奋之情。

（4）神性：本是仙石，受日月精华，渐渐通灵。仙胞迸裂，产石卵，化石猴。猴性：有猴子一样惹人喜爱的动作、习性和外貌。人性：有人的动作、语言和思想，有担当，善于为他人考虑，有领导才能，注重信用。

⑯ 这一现象体现了人们与社会对犯错之人的包容与拯救之心，给予犯错之人改过自新、向善求美的机会，让整个故事少了几分血腥，多了一些温情。

（言之有理即可）

模拟训练

❶ 东胜神洲　西牛贺洲　南赡部洲　北俱芦洲

❷ 菩提老祖　定海神针　如意金箍棒　五行山　行者　斗战胜佛

❸ 猪八戒　孙悟空　沙和尚　唐僧

❹ D

❺ C

❻

称　呼	②	③	④	⑤
得名原因	E	B	A	D

❼ 五行山　　云栈洞　　流沙河

示例1：孙悟空因大闹天宫被压在五行山下。唐僧西天取经，路过五行山，为孙悟空揭去山上的金字压帖。五行山瞬时山崩地裂，孙悟空破山而出，拜唐僧为师。

示例2：白龙马本是西海龙王三太子，因纵火烧毁明珠，触犯天条，被贬到蛇盘山。唐僧师徒途经蛇盘山，在鹰愁涧马匹被他吞食，经菩萨点化，他变身为白龙马，拜唐僧为师。

示例3：猪八戒本是天蓬元帅，因调戏嫦娥被罚下天庭，误投猪胎成妖。他入赘高老庄后现出原形，于是高太公找高人降妖，碰巧遇上唐僧师徒，猪八戒被孙悟空降伏，拜唐僧为师。

示例4：沙僧原是卷帘大将，因在蟠桃会上打碎琉璃盏，被贬到流沙河。唐僧师徒路过流沙河时，悟净（沙僧）冒出水面抢唐僧，悟空、八戒同他打斗，悟净逃到水中不肯出来。木吒叫他出来，唐僧收他为徒弟。

❽ 示例1：① 猪八戒变身壮汉，被高家招作女婿。他虽食量大，但勤快、能干。后来，他醉酒现出原形，来去飞沙走石，又将高小姐锁于后宅。高家惊恐，请人降妖。悟空得知详情，变作高小姐模样，百般戏弄八戒，将其降伏。示例2：② 黎山老母等四圣变成一母三女，试探唐僧师徒取经决心。好色的八戒没能经受住考验，想要把三女都娶作妻妾。四圣让八戒用手帕遮住头脸撞天婚，八戒撞得嘴肿头青，最后被吊在树上。示例3：③ 悟空被逐后，唐僧、沙僧落入黄袍怪之手，八戒只好前往花果山向悟空求助，八戒想隐瞒师父遭难实情，假称师父想念悟空，却被悟空识破。后来，八戒用激将法，谎称妖精咒骂泼猴，激怒悟空，促使悟空重出花果山。示例4：④ 唐僧独自化斋，误入盘丝洞被妖精擒住。八戒原想消灭蜘蛛精救出师父，却因好色调戏女妖，被七个女妖用丝绳绊得倒栽葱、嘴啃泥，又被蜘蛛精收养的七个干儿子变出无数虫怪前叮后咬，幸得悟空相救。

❾ 简述故事：黎山老母和三位菩萨为试探唐僧师徒取经的决心，变为母女，

假意招亲。唐僧、悟空和沙僧不为财货、女色所动，只有八戒愿意入赘，最终受到惩罚。性格特点：取经意志不坚定，贪图女色和富贵。

❿（1）机智　愚者千虑　必有一得　（2）诙谐幽默　大难不死

⓫（1）孙悟空三打白骨精（三打白骨精）

（2）孙悟空善于识别妖魔诡计，机智、勇敢。唐僧不辨妖魔，不辨是非，耳根子软。（"不辨妖魔"和"不辨是非"答其一即可）

⓬（1）八卦炉中逃大圣（或炼丹炉里逃悟空等）

（2）美猴王出世，让我们看到一个神异、自由、大胆的猴王形象。拜师学艺，看到一个志向远大、不怕困难、刻苦勤奋的孙悟空。学艺归来，剿灭混世魔王，看到一个神通广大、有责任感、勇于担当的猴王形象。闹龙宫，东海龙王处索兵器；闯冥府，生死簿上勾猴名，表现了他神通广大、英勇无畏。不做弼马温，自封齐天大圣；表明他是一个自由反抗、无视权威的大圣。偷吃蟠桃偷喝仙酒偷吃仙丹，搅乱蟠桃盛大会，击退十万天兵天将、与二郎神斗法，看到一个神通广大、本领高超、桀骜不驯、敢作敢当（自由反抗、不屈不挠）的孙大圣形象。（注意不要写第七回以后的故事情节）

⓭①孙悟空虽身在花果山，但心中一直挂念师父的安危（或身回水帘洞，心逐取经僧）；②师父有难（或师父被黄袍老怪捉去），八戒采用激将法向师兄求救（或义激猴王）。

⓮（1）将尾巴变作一根旗竿，竖在土地庙后面。（2）情节示例：①他得知"弼马温"就是个养马的官位，打出天门去了；②他偷吃蟠桃；③他定住七衣仙女；④他哄骗赤脚大仙；⑤他偷喝仙宫玉液琼浆；⑥他吃光太上老君的金丹；⑦他炼成火眼金睛，蹬倒八卦炉；⑧他摔倒太上老君；⑨他偷走仙酒和八珍百味；⑩他勇斗神兵天将。（答出两个，意思对即可）性格特点示例：疾恶如仇，叛逆，敢于反抗，桀骜不驯，敢作敢当，勇敢无畏。（答出两条，意思对即可）

⓯（1）该同学明白了两个道理：做事要有明确的目标，坚定的信念。要善

于学习各位老师的长处，虚心接受老师的教诲。 （2）针对人物、情节、环境等谈自己的认识即可。示例1：关云长看重兄弟义气而千古流芳，吕布不讲信义而遭人唾弃。所以说，做人要讲信义。示例2：黛玉教香菱作诗时说，诗的立意是最要紧的，不能因词而害意。我想，我们写作文也是一样的，要把立意放在第一位考虑。

⓰ 孙行者一调芭蕉扇。罗刹（即铁扇公主）的丈夫牛魔王曾经与孙悟空结拜过，所以孙悟空称她为"嫂嫂"。她的儿子是圣婴大王红孩儿，曾与孙悟空几次交战，后来被观音菩萨收为善财童子，这使得母子不能相见，所以罗刹认为这是"夺子之仇"。

⓱ 红孩儿问孙悟空自己的生辰八字，孙悟空回答不上来，说忘记了，因而被红孩儿识破。最后，孙悟空请来观音菩萨，降伏了红孩儿，救出了唐僧。

⓲ 第一次招安，因为龙王和冥君状告孙悟空大闹龙宫和地府，玉帝本意派将降伏，太白金星进言招安。结果是授孙悟空弼马温之职，命孙悟空管理御马。

第二次招安，因为托塔天王所率天兵天将为孙悟空所败，太白金星献安抚之计。结果是授孙悟空齐天大圣之职，命孙悟空管理蟠桃园。

⓳ 示例：《西游记》故事情节曲折、精彩、引人入胜，所以深受青少年读者喜爱。（答案不唯一）

⓴ 示例：①诚　唐僧师徒四人历经九九八十一难始终不改初心，用诚心求取真经，最终感化天地，功德圆满。　②专　为了求取真经，师徒四人克服重重艰难险阻，用心专一，毫不动摇。　③恒　为了求取真经，他们坚持不懈，以恒心感天动地。④勇　师徒四人敢做常人不敢做之事，勇敢面对妖魔鬼怪，具有大无畏的精神。⑤合作　西天取经之路险恶无比，但唐僧师徒最终取得真经，功德圆满，靠的就是四人团结合作，齐心协力。（言之有理即可）

----------------------------------- 红楼梦 -----------------------------------

考题点击

❶ 宝玉（贾宝玉）　王夫人　大观

❷ （1）宝玉、黛玉共读《西厢记》　贾政怒打宝玉　　（2）蒋玉菡（琪官）是忠顺王爷的人，竟与宝玉惺惺相惜，以至于私自逃出王府与宝玉幽会，忠顺王爷向贾政要人，贾政大怒，痛打宝玉

❸ 示例：押送生辰纲　多疑暴躁惹众怒　屡犯曹丞相　恃才放旷遭处斩　苦志学写诗　初心不改终有成

❹ （1）红楼梦　曹雪芹

（2）也不用摆，咱们且作诗。把那大团圆桌就放在当中，酒菜都放着。也不必拘定坐位，有爱吃的大家去吃，散坐岂不便宜。

（3）懒于结交应酬他人，不满封建礼教，追求自由，不愿受封建传统的束缚，独立不羁，个性解放。

❺ （1）红楼梦　曹雪芹　　（2）"沁芳"雅致，"泻玉"较俗，不够蕴藉含蓄且不合"应制"的文格。　　（3）侧面描写

❻ A

❼ 示例1：木兰：你女扮男装，替父从军，"万里赴戎机，关山度若飞"，你英勇承敬，载誉而归，用责任和担当让青春在血染的战场上绚丽绽放。

示例2：杜小康：生活的磨难和精神的孤独仿佛两座大山压得你喘不过气来，一场暴风雨让你突然长大，你用坚强战胜了孤独，让青春奏响动人的乐章。

示例3：香菱：你痴心学诗，在诗中寻找精神的慰藉，终在梦里寻得佳句。好学执苦的你是命运泥滑中的一株红落，是青春大观园里最娇艳的花朵。

示例4：丘吉尔：成绩平平的你并没有自暴自弃，自信乐观伴你成长，专注坚持促你前行，永不言弃助你腾飞，青春的历练最终造就了伟大的你。

模拟训练

❶《石头记》《金陵十二钗》《情僧录》《宝玉缘》 贾宝玉 林黛玉 薛宝钗 贾、王、史、薛

❷ 林黛玉 多愁善感、敏感自尊

❸ 王熙凤 相思局 铁槛寺 尤二姐 宝黛姻缘

❹ 贾宝玉 林黛玉 晴雯

❺ 林黛玉 贾宝玉 薛宝钗

❻ 袭人 晴雯 鸳鸯 元妃省亲 刘姥姥进大观园 黛玉焚稿

❼ 元春 迎春 探春 惜春 原应叹息 通灵宝玉 金锁 金麒麟

❽ 林黛玉和薛宝钗 香菱 王熙凤

❾ 千红一窟 万艳同杯 《红楼梦》

❿ BE

⓫ C

⓬ 贾宝玉 不同意。因为男人并不都污浊不堪。这只是贾宝玉就自己的生活范围内所说的，比较偏激，用于批评一部分男人可以，倘加之全体则不正确。

⓭ 由于《红楼梦》没有完成，有很多人顺着曹雪芹的思路续写，其中高鹗续写的后四十回比较好。他大体遵循了曹雪芹的创作思路，完成了《红楼梦》悲剧的主题。一个叫程伟元的出版家把曹雪芹的《红楼梦》八十回与高鹗续写的后四十回合在一起出版了两次，从此《红楼梦》便在中国流行起来。因此，后四十回并不是偶于鼓担上得来的。

⓮ 园中主人主要写了探春、惜春；丫鬟主要写了晴雯、入画、司棋。 如探春，反应激烈，无所畏惧，义正词严，坚决对抗，表现出敢作敢当的风范，而且相当清醒地认识到这一事件对家族的影响。惜春则年幼执拗，始则惧怕，继则无情，二人形成鲜明对比。 其中刻画最突出的是探春和晴雯，二人

均强烈反抗，但反抗实质不同。晴雯的反抗体现出一个奴才的清白无辜，自尊自重，大胆无畏，其悲剧更显示出封建大家庭的无情；探春的反抗则突出了贾府必然走向没落的悲剧。这样设计的作用之一是在对比中形成波澜起伏的动人情节。

⓯ 《红楼梦》的《葬花吟》，吟诗的是林黛玉。《葬花吟》是林黛玉感叹身世遭遇的全部哀音。"质本洁来还洁去，强于污淖陷渠沟"体现了她不屈不挠、冰清玉洁、不愿受辱被污、不甘低头屈服的孤傲不阿的性格；"尔今死去侬收葬，未卜侬身何日丧"以落花为喻，体现了她对前途命运的忧虑与绝望。

⓰ ①智　②勇　③痴　④苦

⓱ 黛玉在行酒令时无意中说出禁书《西厢记》《牡丹亭》中的诗句，宝钗事后善意提醒，并说出自己小时偷看禁书及杂书之害，黛玉心中暗服。

探春将大观园中瓜果花木承包给众婆子后，宝钗提出承包的婆子可不向账房交账，各揽一宗开销过去；每年再拿出若干贯钱，散于园中其他照看当差之人，众人皆大欢喜。

⓲ A是贾宝玉，B是林黛玉。"喜"的是自己眼力不错，宝玉果然是个知己；"惊"的是宝玉竟不避嫌疑，在别人面前称赞自己；"悲"的是父母早逝，无人为自己做主，况自己病情日重，恐命薄不能持久；"叹"的是既然两人为知己，又何必有一宝钗，有"金玉之论"呢？

四大名著综合测试

❶ 曹雪芹

❷ 《红楼梦》

❸ 义　《三国演义》

❹ 洪太尉误走妖魔　宋公明神聚蓼儿洼

❺ 大闹天宫　唐僧　唐僧师徒取经途中历经八十一难和师徒终成正果，带经回东土大唐

❻ 潇湘馆　怡红院　秋爽斋　薛宝钗　李纨

❼ 赵云　刘禅（阿斗）　截江夺阿斗　刘禅（阿斗）

❽ 徐庶　诸葛亮

❾ 鲁智深　曹操　刘备

❿ （1）青梅煮酒论英雄　（2）曹操　（3）林黛玉　贾宝玉
（4）吴用　智取生辰纲　（5）武松　林冲　（6）孙悟空　（7）大闹天宫
（8）王熙凤　林黛玉

⓫ 《三国演义》

⓬ 浪漫主义　花果山福地　水帘洞洞天

⓭ 旃檀功德佛　斗战胜佛　净坛使者　金身罗汉　八部天龙马

⓮ 林教头　曹操　水浒传　西游记

⓯ 六出祁山　东和孙吴　收取东川、西川　七擒孟获　北拒曹魏　摆设八阵图（任选两项即可）

⓰ 艺高胆大，悟空勇斗魔。（或义盖云天，关羽私放曹。或多愁善感，黛玉悲葬花。）

⓱ （1）诸葛亮　足智多谋、忠心耿耿。　（2）吕布　没有主见、目光短浅、见利忘义。

⓲ 示例：（1）武松打虎（或花和尚倒拔垂杨柳等）　（2）"鼓上蚤"时迁。轻功上乘，善于偷盗。

⓳ 示例：不屈不挠的反抗精神。如大闹天宫。

⓴ （1）B　（2）A　（3）C　（4）A

㉑ （1）A　（2）B

㉒ （1）C　（2）C

㉓ （1）罗贯中　水浒传　西游记　红楼梦

（2）示例：诸葛亮。出师一表真名世，千载谁堪伯仲间。写出了诸葛亮的忠心耿耿。

❷❹（1）水浒传　施耐庵　　（2）急躁、冲动、争宠（忌妒贤能）、好利等。　　（3）狂妄急躁落败

❷❺（1）孙悟空因大闹天宫，被如来佛制服并压在五行山（两界山）下。

（2）"哭"反映了悟空的自尊高傲，"跪"表现了他忍辱负重（或机智灵活、随机应变、能屈能伸、重情重义等）的性格特点。

❷❻（1）柳湘莲家中传代之宝鸳鸯剑

（2）柳湘莲梦见尤三姐，醒来后被旁边的道士点破迷关，然后截发出家。

❷❼（1）①D　②C

（2）①人参果　②五庄观　人参果　镇元大仙　观音菩萨　③ACFG

（3）①豪爽、讲义气　愚忠　②因为他们采用了投降路线。

❷❽（1）①曹操伪作徐庶母亲手书，叫他来许昌，孝子徐庶不得已离开刘备。②徐庶到许昌见到了母亲，知道中了曹操的奸计，此后虽在曹营，却终身未替曹操出谋献策。刘备三顾茅庐请诸葛亮出山辅佐自己。

（2）①豹子头　杨志　②原因：林冲投靠梁山，王伦担心他会强占梁山，于是刁难林冲交纳"投名状"。结果：二人不分胜负，被王伦等人制止（或杨志前往东京，林冲如愿坐了梁山第四把交椅）。

（3）①悟空三打白骨精，唐僧责怪悟空滥杀无辜。②悟空心中挂念师父，师父有难（或师父被黄袍老怪变成老虎），八戒求情（或采用激将法）。（意思对即可）

（4）①薛宝钗　②一方面真心爱慕宝玉，吐露真情；另一方面又深受封建礼教束缚，羞于表露。

❷❾（1）许攸建议袁绍袭击许昌，未被采纳；审配向袁绍告发许攸，说他滥受民间财物，并且让子侄辈向百姓多征税，中饱私囊，他为这事遭到袁绍斥责。他投奔曹操后献上了袭击袁绍屯粮之所乌巢的计策。

（2）林冲发配沧州牢城营，高太尉指使陆虞候火烧草料场，欲置之于死地；林冲终于忍无可忍，手刃仇人，上了梁山。

（3）孙悟空。美猴王来到龙宫，向龙王借兵器，龙王先后给了刀、叉、戟，美猴王都没相中，后来龙婆推荐的如意金箍棒被相中，然后美猴王还借了藕丝步云履、锁子黄金甲、凤翅紫金冠等。

（4）第五回是全书的总纲。通过贾宝玉梦游太虚幻境，利用画册、判词及歌曲的形式，隐喻含蓄地将《红楼梦》众多主要人物和次要人物的发展和结局交代出来，十二钗统统归入薄命司中，说明作者对女子的同情和对时代的深思，并将太虚幻境的理想世界和现实世界的荣国府加以对照。《红楼梦》只传下八十回，遗失了结尾，因此，对于《红楼梦》中人物的命运，基本上是他人依据这些隐喻揣摩出来的。

（5）一共有三次大笑。其一，鼓舞士气，故意表现出满不在乎，这正是一个领导者必备的重要素质。其二，说周瑜无谋、诸葛亮少智，其实是为了从战略上藐视对手。其三，就是自发狂言，说若老夫在此云云，这一点意味深重：一是以一种委婉的方式向手下将领传达一个信息，即这里有可能会有伏兵，因为情况危急，如果曹操直接点破会造成士气浮动、人心惶惶；二是为了表示即使这里有伏兵，也在预料之中，大家不要惊惶。

（6）示例：①高衙内调戏林冲妻子，林冲竟然忍气吞声放走他；②刺配沧州道中，差役将林冲的双脚强按进滚烫的水中，烫伤了他的脚，第二天又让他穿硌脚的新草鞋上路，林冲都强忍了下来；③初到柴进庄上，面对傲慢的洪教头，林冲并不争执，只是低头行礼；④到沧州牢城营内，林冲被里面的差拨骂得狗血淋头，也没有抬头应答一句，待其发作后，再赔笑送礼；⑤林冲初到梁山，王伦妒贤，故意为难林冲，要他在三天内取"投名状"来，他虽然闷闷不乐，但还是按王伦的要求去办。（答出两点即可）

（7）示例：为试探师徒四人的禅心是否坚定，四位菩萨（黎山老母、观音菩萨、普贤菩萨、文殊菩萨）化身母女，假意要招他们为夫婿。唐僧不为所动，悟空识破真相，沙僧一心跟随师父，八戒却动了凡心。四圣用"撞天婚"戏耍八戒，最后八戒被四圣设计用珍珠嵌锦汗衫捆住，绑在树上（或四圣设计戏耍八戒，最后八戒被绑在树上）。

（8）贾宝玉一出世，嘴里就衔着一块玉，大家都觉得这孩子来历不小，便起名叫"宝玉"。一年后抓周时，贾政摆上各种东西叫宝玉抓，可是他什么都不取，只把脂粉钗环抓过来。贾政大怒，说他将来"定是个酒色之徒"。

30（1）三国演义　罗贯中　（2）围绕"原来先过去的是假张飞；料道严颜击鼓为号，张飞却教鸣金为号；张飞卖个破绽，严颜一刀砍来，张飞闪过，撞将入去，扯住严颜勒甲绦，生擒过来，掷于地下"回答。（可用原文，也可用自己的语言概括，答出任意一点，意思对即可）　（3）示例：①有谋略（或"有计谋""有智慧"），如"原来先过去的是假张飞"。②机智，如"张飞卖个破绽"。③粗中有细，如"张飞卖个破绽""严颜击鼓为号，张飞却教鸣金为号"。④勇猛，如"张飞闪过，撞将入去，扯住严颜勒甲绦，生擒过来，掷于地下"。（围绕任意一点回答，结合内容部分既可以引用原文，也可以用自己的语言概括）

31（1）黑旋风　戴宗的介绍　对人物的出场起了铺垫和渲染的作用。

（2）耿直、粗鲁、粗心、胆大、嗜酒、嗜赌。　（3）通过描写人物的语言，生动地表现了李逵不懂客套和应酬之事，不受礼节约束的率直、粗鲁的个性，具有先声夺人的艺术魅力。

32（1）扇熄火焰山，护送师父过去　使这方依时收种，得安生也

（2）说话和气有礼、尊敬长者：悟空与老者对话，尊称"老人家"；自信、乐观、不惧艰险：老者提醒借扇途中充满艰险，悟空说"不打紧"；关心民众疾苦：悟空借扇"使这方依时收种，得安生也"；本领高强，神通广大：老者说"原来是腾云驾雾的神人也"。

（3）一借芭蕉扇，孙悟空先被铁扇公主扇飞，后变成小虫进入铁扇公主的肚里，借来假扇；二借芭蕉扇，孙悟空变成牛魔王得到真扇，又被牛魔王骗

回；三借芭蕉扇，孙悟空请来天兵天将，降伏牛魔王，终于借到芭蕉扇。

❸❸（1）想了解林如海说的人是谁，官家背景如何，于他以后的仕途发展是否有益。

（2）因为林如海说的贾家，正是之前冷子兴演说的荣国府，功课做足了，又听得贾政喜读书人，就得意了。后来他把黛玉送进贾府后，在贾政的帮助下，授了应天府知府。在《薄命女偏逢薄命郎　葫芦僧乱判葫芦案》一回中，他接了个薛蟠强抢香菱的案子，他听了门子（原葫芦庙里的沙弥）的话，了解到贾、王、史、薛四大家族的关系，后帮薛蟠脱罪。

❸❹①示例：孙悟空通过变化，骗得了金角大王和银角大王的三件宝贝，但因不会使用反被吸进葫芦。孙悟空谎称被化成了脓水，趁机逃脱，后又化作小妖再次偷得葫芦，把银角大王吸进葫芦里。和金角大王打斗时，孙悟空用一根毫毛变作假身，真身到洞里偷得玉净瓶，把金角大王吸进瓶里。

②示例：吴用让孙立扮成把守郓州城的提辖，混进了祝家庄。后双方对阵时，他又故意让孙立活捉了石秀，骗取了祝家庄的信任。三打祝家庄时，他让孙立里应外合，打下了祝家庄。（任选其一作答）

❸❺答案不唯一，合理即可，此处给出两个示例。

　　鲁达："鲁"，鲁莽，他生性粗豪爽快，如会为素不相识的金翠莲三拳打死镇关西。"达"，通达，他生性豁达不拘，如他本有提辖的官位，却一声不响地就扔下了。他法号"智深"，智慧深沉之意，如在野猪林救林冲，理智冷静。

　　香菱："香"昭示了她的美丽温柔，诗心才情；"菱"是一种植物，生在池沼中，无所归依，暗示了她的命运——从小被拐，后来被卖，最后被弃，一生悲惨。她的本名"甄英莲"谐音"真应怜"，寄寓了这位女子悲惨的人生际遇，表明了作者对她的怜惜。

我的阅读记录卡

学校：　　　　　　班级：　　　　　　姓名：

浅阅读：

☆四大名著的作者分别是谁？请简要介绍一下。

☆《三国演义》中具有决定性影响的战役有哪些？为什么？

☆贯串《红楼梦》的线索是什么？

深阅读：

☆你最欣赏《西游记》中的哪个人物？理由是什么？

☆你认为《水浒传》向我们传达了怎样的观点？对此你有何看法？